Ulrich Holst

Feng Shui Lebenserfolg

Die Gesetze der natürlichen Harmonie für ein glückliches Berufs- und Privatleben

Illustrationen von Roger Kausch

Ludwig

Inhalt

Liebe Leserin, lieber Leser,
Erfolg kann man nicht erzwingen, aber man kann einiges dafür tun, damit der Erfolg sich leichter einstellt.

Feng Shui ist die Kunst der Harmonie.

Feng Shui, die jahrtausendealte fernöstliche Kunst der Lebensraumgestaltung, ist ein wunderbares Vehikel, den Acker des eigenen Wirkens so zu gestalten, dass der Erfolg sich quasi als natürliche Folge von allein einstellen kann. Denn mit einfachsten Mitteln und oft kleinsten Veränderungen lassen sich Bedingungen herstellen, die den Erfolg auf ganz erstaunliche Weise erheblich fördern. Ob Firma, Familienleben oder Partnerschaft, ob Beruf, Finanzen oder Studium – in diesem Buch finden Sie eine Fülle von Anregungen und Informationen, wie Sie mehr Wohlstand, Erfüllung und Zufriedenheit in Ihr Leben holen können. Beim Lesen dieses Buches werden Sie vielleicht feststellen, dass Sie einiges bereits intuitiv genau richtig machen, denn Feng Shui ist in erster Linie keine Lehre, sondern vor allem eine Anleitung, das eigene Gespür und den Instinkt für das Richtige am richtigen Platz zu schärfen.
In diesem Sinn wünsche ich Ihnen viel Freude beim Lesen und beim Ausprobieren – und natürlich viel Erfolg!

Ulrich Holst

Erfolg durch Harmonie

Können Sie sich vorstellen, erfolgreich zu sein, während Sie gleichzeitig im Einklang mit Himmel und Erde sind? Denn darum geht es im Feng Shui. Die meisten Menschen verbinden heute mit Erfolg Begriffe wie Durchsetzungskraft, Macht, Kampf, Konkurrenz und Ellenbogen.
Der große chinesische Weise und Philosoph Lao-Tse verkündete hingegen vor etwa 2.500 Jahren dieses: »Was leicht ist, ist richtig, und was richtig ist, ist leicht.«

Was ist Erfolg?

Erfolg ohne Kampf? Gesetzt den Fall, Lao-Tse hätte Recht mit dieser Behauptung: Würde Erfolg für Sie dann überhaupt noch reizvoll sein und Spaß machen? Ist Erfolg nicht erst dann richtig schön, wenn man zuvor richtig hart gekämpft und andere besiegt hat? – Wir haben uns an solche Verknüpfungen gewöhnt.
Aber Erfolg im Kontext von Feng Shui hat einen anderen Akzent: Es betrachtet den Menschen als Teil eines harmonischen großen Ganzen, das man in der chinesischen Philosophie das TAO nennt. Und Sinn und Aufgabe des Menschen ist es, in Einklang mit diesem TAO zu wirken.

In Einklang mit dem TAO

Das TAO Damit bezeichnete Lao-Tse das Absolute, den Ursprung aller Dinge, das, obwohl »ewig ohne Handeln«, das Universum, den Himmel, die Erde und die Dinge der Welt hervorbringt und bewegt. In der westlichen Terminologie würde man hier vielleicht von Gott, kosmischem Bewusstsein oder universaler Intelligenz sprechen. Uns soll es jedoch nicht um die Worte gehen. Wichtig zum Verständnis des Feng Shui ist die innere Ausrichtung, »Harmonie« zu realisieren. Beachten Sie dabei aber den feinen Unterschied: Es geht nicht darum, Harmonie herzustellen, sondern Harmonie zu verwirklichen!
Sie ist als wirkendes Prinzip längst vorhanden – wenn auch nicht so wie in den Vorstellungen mancher westlicher Idealisten.

Yin und Yang

Die Polarität in allen Dingen Alles, was ist, existiert nur, weil es auch das Gegenteil gibt. So könnte man, vereinfacht ausgedrückt, einen Grundgedanken des Feng Shui beschreiben. Licht existiert nur, weil es auch Dunkelheit gibt. Nacht existiert nur, weil es auch Tag gibt. Kalt kann nur der empfinden, der auch heiß kennt usw. Leben existiert nur als Polarität, die ständig im Wandel ist. Diese Polarität bezeichnet man mit Yin und Yang.
Weiblich und männlich in einem Dabei steht Yin für das weibliche, empfangende, gebärende und das integrierende Prinzip. Yang steht für das männliche, handelnde, ordnende und das innovative Prinzip.
Und so wie es in jedem Menschen beide Elemente gibt, wenn auch in unterschiedlicher Gewichtung, so sind auch in der Natur immer beide Elemente vorhanden. Sobald ein Element dominiert, wird auch das Gegenteil aktiviert. Im Symbol von Yin und Yang ist dies durch den hellen Punkt im dunklen Feld und den dunklen Punkt im hellen Feld ausgedrückt.

Die Kräfte des TAO

Dem eigenen Gespür folgen Obwohl Feng Shui eine Fülle von Beobachtungen und Hinweisen parat hält, wie sich die Harmonie dieser Gegensätzlichkeit realisieren lässt, ist das Entscheidende das persönliche Hin-Spüren, das Hin-Schauen und das Sich-Einlassen auf die Kräfte des TAO.
Wie fühlt sich etwas an? Harmonisch, unterstützend und stimmig oder eher störend, belastend und erschöpfend?
Versuchen Sie es selbst einmal und spüren Sie für nur wenige Minuten die Qualität Ihrer unmittelbaren Umgebung.
Wichtig dabei: Nur schauen und wahrnehmen – nicht denken, nicht analysieren.
Sie werden überrascht, möglicherweise aber auch erschrocken sein. Denn seit dem Zweiten Weltkrieg wird in der westlichen Welt vor allem nach dem Aspekt der Zweckmäßigkeit und Rentabilität gebaut.

Lebendige Harmonie

Yin und Yang sind im ständigen Wechselspiel, seine Übergänge sind weich und fließend. Deshalb legt Feng Shui auch besonderes Augenmerk auf die Gestaltung von Übergängen im Raum (z. B. Schwellen, Bögen, Ornamente) und in der Zeit (z. B. Feste, Rituale, Zeremonien).
Betrachten Sie das Bild auf dieser Seite. Sind Sie mehr ein Yin- oder ein Yang-Typ? Wie steht es um die Balance in Ihrem Leben? Fühlen Sie sich ausgeglichen, gesund und kraftvoll? Was könnten Sie vielleicht verstärken oder gar neu in Ihr Leben holen, damit es mehr Balance bekommt?

Das Geheimnis des Chi

Das Chi wahrnehmen

Es bedarf einer gewissen Übung, um das Chi, die Lebenskraft, die in uns und in allem um uns ist, bewusst zu erspüren und wahrzunehmen.

Im Idealfall fließt das Chi wie ein Fluss in sanft geschwungenen Bahnen.

Das Chi der Bäume
Man kann das Chi auch mit bloßen Augen wahrnehmen, wenn man sich an einem Sommertag im Wald oder auf einer Wiese in die Nähe eines Baumes setzt und mit einem entspanntem »3-D«-Blick absichtslos eine Weile auf den Baum schaut – bald wird man kleine lichte Kügelchen um den Stamm tanzen sehen. Probieren Sie es aus!

Das Chi der Bilder
Wenn Sie ein wenig Übung haben, können Sie auf die oben beschriebene Weise auch Bilder in Kirchen, Tempeln oder Moscheen betrachten. Es müssen allerdings Originale sein. Sehr eindrucksvoll ist die Aura von Ikonen in russisch-orthodoxen Kirchen oder von handgefertigten Buddhafiguren.

Das Chi des Menschen
In einem dritten Schritt können Sie diese Art der Wahrnehmung auf Menschen anwenden, doch seien Sie bitte geduldig mit sich. Es ist noch kein Meister vom Himmel gefallen, und manchmal kann es Jahre dauern, bis man die Aura wahrnehmen kann.

Was ist Lebenskraft? Im Feng Shui dreht sich vieles um die optimale Lenkung der Lebenskraft Chi. Dieses Chi – auch Ki geschrieben – ist die Bezeichnung für ein Phänomen, das uns allen wohl vertraut ist, dessen Wesen und Wirkung dem Verständnis der westlichen Kulturen und Wissenschaft aber noch sehr fremd sind.
Die alten Griechen sprachen von »Pneuma«, vom Geist, der alles durchweht.
Im Schöpfungsbericht der Bibel ist die Rede vom »Lebensodem« , und in Indien spricht man von »Prana« – gemeint aber ist das Gleiche: die universelle Lebensenergie.

Leben in einem Meer von Chi

Wind und Wasser Chi verhält sich ähnlich wie Wind (Feng) und Wasser (Shui). Aber es ist nicht Sauerstoff oder Luftfeuchtigkeit. Alles, was existiert, ist mit Chi ausgestattet, gibt Chi ab und nimmt Chi auf.
Chi ist für die Dichter und Mystiker das »göttliche Meer«, in dem wir uns ständig bewegen. Aber wie der Fisch erst an Land realisiert, dass er die ganze Zeit im Wasser gelebt hat, so erkennen manche Menschen vielleicht erst beim Abschied aus dieser Welt, dass sie die ganze Zeit in einem Meer von Chi geschwommen sind. Doch was Chi letztlich ist – wir wissen es nicht, und es lässt sich auch nicht wirklich erklären.
Chi ist nicht immer gleich Chi hat nicht immer und überall die gleiche Qualität und Schwingungsfrequenz, sondern ist geprägt durch die Qualität der Gedanken und Gefühle, ändert sich mit den Tages- und Jahreszeiten, vibriert in Abhängigkeit von den Schwingungen der umgebenden Formen, Materialien, Klänge und Pflanzen und steht in unmittelbarer Wechselbeziehung zum Chi der Mitmenschen und des Raumes.
So ist das Chi an einem religiösen Versammlungsort beispielsweise sehr verschieden von dem Chi in einer U-Bahn-Station oder dem Chi in einem Kaufhaus. Dies können Sie unmittelbar spüren, wenn Sie einige Minuten innehalten und die Atmosphäre entspannt aufnehmen.

Der Fluss des Chi

Akupunktur In der chinesischen Medizin wendet man das Wissen um das Chi zum Beispiel sehr erfolgreich in der Akupunktur an. Mit wenigen kleinen Nadelstichen kann der Therapeut den gestauten oder fehlgeleiteten Energiefluss im Körper des Menschen wieder in Ordnung bringen und damit Beschwerden lindern oder sogar auflösen. Feng Shui wird deshalb manchmal als eine Art Akupunktur für die Wohnung oder das Haus betrachtet. Diese Sichtweise ist zwar durchaus richtig, sie erfasst aber nur einen kleinen Bereich dessen, was Feng Shui leisten kann, nämlich quasi den therapeutischen Aspekt.

Das Chi im Raum

Jede Wohnung ist anders Das weiß jeder, der schon einmal mit seinem ganzen Hab und Gut umgezogen ist. Auch wenn man die alten Möbel in den neuen Räumen aufstellt: Irgendwie fühlt sich alles anders an und manchmal nicht besser.
Auch Makler können ein Lied davon singen, dass immer in der gleichen Wohnung oder im selben Haus Mieterprobleme auftauchen. Woran liegt das?
Fehlgeleitetes Chi Die alten Religionen würden vielleicht von einem Fluch sprechen, der auf dem Haus liegt. Feng Shui geht dagegen ausgesprochen nüchtern an solche Phänomene heran und gibt plausible Erklärungen, warum beispielsweise in einem Gebäude aus irgendeinem Grund immer wieder »dicke Luft« herrscht.
Aber nicht nur das: Im Laufe der Jahrhunderte haben sich im Feng Shui auch eine Vielzahl von Regeln, Tricks und Kniffen bewährt, mit denen man von vornherein die Wohnung oder das Haus so planen und gestalten kann, dass das Chi optimal fließt und für die eigenen Ziele und Vorhaben genutzt werden kann.
Denn Feng Shui ist die Kunst, das Chi so zu lenken und zu prägen, dass Gesundheit, Erfolg und Wohlstand sich fast wie von selbst einstellen.

Ungünstig

Günstig

Negatives Sha Chi
Ungünstig sind gerade verlaufende Wege, die unmittelbar auf ein Gebäude zuführen, denn dann wird die Kraft des Chi zu intensiv und verwandelt sich in schädliches Sha Chi.

Das Chi sanft ins Haus locken
Mit einem leicht geschwungenen Weg zum Gebäude lässt sich die Lebenskraft ins Haus ziehen, denn sanfte Kurven entsprechen den natürlichen Energiebahnen des Chi.

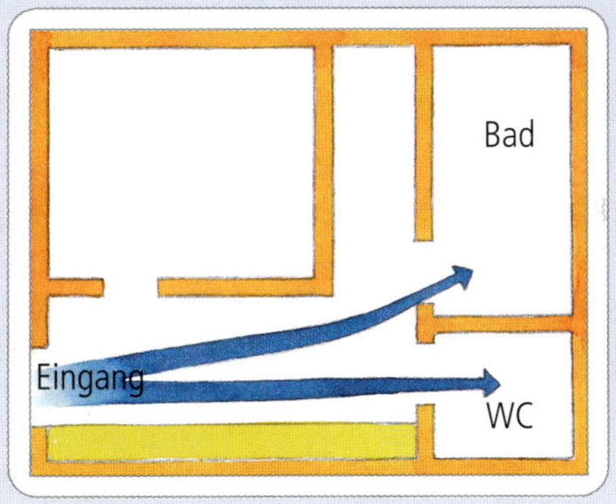

Energieschwund
Das zur Tür hereinströmende Chi verlässt die Wohnung sofort wieder durch Toilette und Bad.

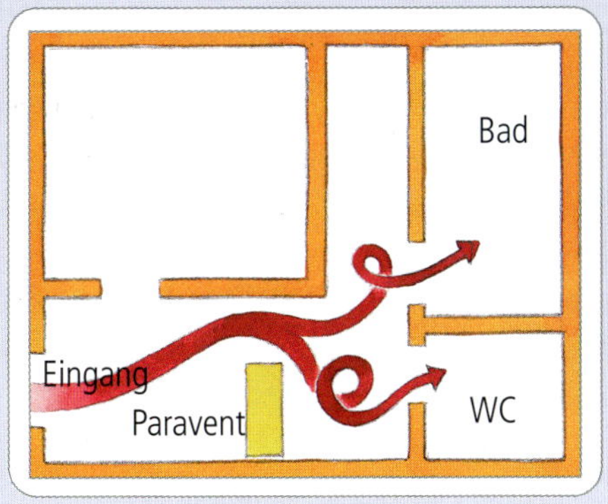

Gerettete Energie
Der Raumteiler in der Diele lenkt die Energie nun in sanften Kurven durch die ganze Wohnung.

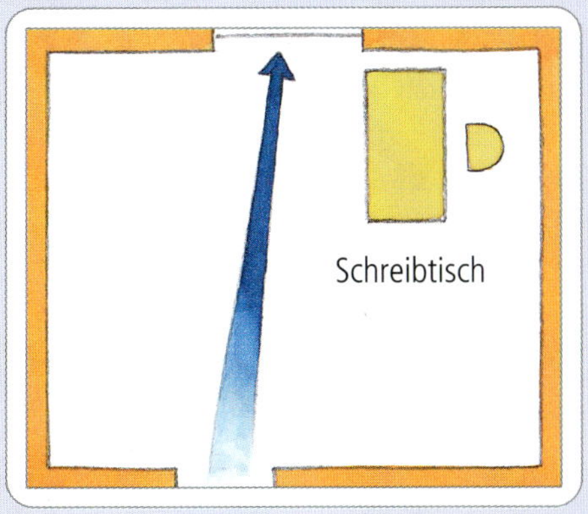

Energieverlust
Auch in einem Zimmer kann es zu ungünstigen Energiekonstellationen kommen. Hier wird das Chi nicht richtig gelenkt. Es fließt ungebremst zum Fenster hinaus – der am Schreibtisch Arbeitende bekommt kein Chi ab.

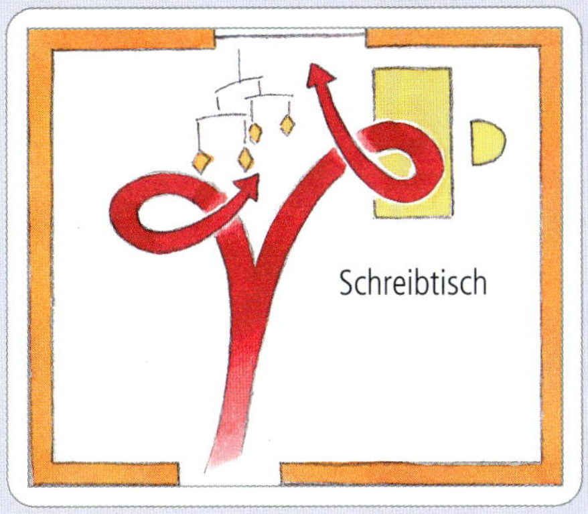

Energiegewinn
In diesem Raum wurde ein Objekt so in der Nähe des Fensters platziert, dass es den Energiestrom aufhält. Dadurch kann sich die Lebenskraft in sanften Bahnen im ganzen Zimmer verteilen.

Kraft spendendes Chi

Wie im realen Meer, so gibt es auch im »Meer des Chi« gleichsam Unterwasserströmungen, Strudel und Wellen.

Eine der kraftvollsten Energiequellen ist ein rauschender Wasserfall.

Wie fließt das Chi?

In einer harmonischen, energievollen Umgebung fließt das Chi wie ein warmer Golfstrom durch die Räume und spendet Wärme und Lebensenergie. Wichtigste Aufgabe des Feng Shui ist es, den Fluss des Chi sanft und gezielt im Raum zu verteilen und alles zu vermeiden, was zu einer Verschmutzung, einem Stau oder einer Beschleunigung des Chi führen könnte.

Wo tanken Sie Kraft?

Überlegen Sie einmal, in welchen Räumen Sie das Gefühl haben, Kraft tanken zu können – ob privat oder beruflich. Legen Sie sich eine kleine persönliche Hitliste der Räume an, in denen Sie sich wohl fühlen und in denen Sie Kraft schöpfen können.
Fühlen Sie nach, was so Besonderes an Ihren persönlichen »Krafträumen« ist. Wie fließt das Chi in diesen Räumen? Wie wird das Chi in diesen Räumen gelenkt? Wie sind Eingang und Fenster in diesen Räumen verteilt?

Die Quellen des Chi

Das Chi von Erde und Sonne

Chi hat drei Hauptquellen: Sonne, Erde und Luft, und es besitzt immer einen energetischen, einen nährenden und einen fühlbaren Aspekt.
Das Chi fühlen Der fühlbare Aspekt lässt sich erschließen, wenn man einmal vergleicht, wie sich ein Raum anfühlt, in den lange Zeit keine Sonne einfällt, mit dem Gefühl, das sich einstellt, wenn der gleiche Raum sonnendurchflutet ist. Auch wenn die Sonne dann abends untergegangen ist, kann man die erhöhte Chi-Präsenz noch deutlich spüren.
Das Chi erfahren Den energetischen Aspekt des Chi kann man sehr leicht erfahren, wenn man auf der Erde liegt oder barfuß über den Boden läuft. Schon nach wenigen Minuten fühlt man sich regelrecht energiegeladen – und man ist es auch. Denn das Niveau aller vitalen Prozesse hat sich merklich erhöht, weil die eigene Energie dank massiver Chi-Zufuhr aus der Erde eine wesentlich höhere Schwingungsrate erfahren hat.

Das Chi der Luft

Luft als Chi-Spender Dies ist vielleicht am schwierigsten zu fassen, denn Luft transportiert das Chi der Erde und der Sonne. Deshalb sind auch die meisten Menschen gern am Meer oder einfach draußen, denn »die Luft tut so gut«. Und das stimmt, denn sie ist angereichert mit viel Chi. Aber es gibt auch Räume, in denen man das Gefühl hat, kräftig durchatmen zu können.
Schwingungen Luft-Chi entsteht auf fast magische Weise, wenn sich starke, aber unterschiedliche Schwingungsfrequenzen in einem Raum harmonisch verweben. Dies ist zum Beispiel das Geheimnis guter Chöre und Orchester, bei denen man bereits nach wenigen Tönen eine dichte Kraft im Raum fühlen kann. Das Gleiche gilt aber auch für disharmonische Schwingungen. Wer schon einmal ein Zimmer betreten hat, in dem gerade heftig gestritten wurde, spürt sofort die »dicke Luft«.

Tor des Chi: der Eingang

Der Mund des Chi Im Feng Shui bezeichnet man die Eingangstür als den »Mund des Chi«, denn durch die Tür gelangt der größte Teil des Chi ins Haus. Je nachdem, wie der Bereich gestaltet ist, löst er beim Eintretenden ein bestimmtes bewusstes oder unbewusstes Gefühl aus – und dies ist das prägende Schwingungsmuster, das sich auf das einströmende Chi legt.
Die Tür Lässt sich eine Eingangstür zum Beispiel nur mühsam und womöglich nur geräuschvoll öffnen, erzeugt dies ein subtiles Gefühl von »Nicht-willkommen-Sein« oder gar von Angst (»Ich könnte eingesperrt werden.«). Ganz anders ist der Eindruck, wenn der Eintretende gleich mit Pflanzen, Blumen, Licht und einem geschützten Überstand empfangen wird, wenn das Namensschild deutlich lesbar ist und die Tür sich leicht und weit öffnen lässt. Das Betreten dieses Hauses hat eine andere Qualität: Es löst sofort ein warmes »Ich-bin-willkommen«-Gefühl aus.

Willkommen und geschützt

Was gibt Sicherheit? Ist der Besucher eingetreten, möchte er erst einmal ankommen und nicht sofort mitten in der Küche oder direkt vor einem Verkaufstresen stehen. Auf jeden Fall wird er unwillkürlich einen Blick in die Runde werfen und prüfen, ob von irgendwoher »Gefahr« droht – als alte, instinktive Reaktion, dass man sich nur da niederlässt, wo man sich sicher fühlt. Dieses Gefühl könnte beispielsweise dadurch gestört werden, dass der hintere Teil des Eingangsraums in einem schummerigen Licht liegt (in Geschäften sollte man deshalb unbedingt die hinteren Wände des Raumes hell ausleuchten). Wenn der Eingangsbereich dann noch großzügig, hell, übersichtlich und werthaltig gestaltet ist – etwa durch einen hübschen Läufer, eine kostbare Vase oder einen schönen Kristall –, fühlt sich der Besucher wahrscheinlich sofort willkommen, geborgen und sicher.

Ungünstig

Günstig

Abweisender Eingang

Funktional, aber unpersönlich und damit alles andere als einladend wirkt diese Eingangstür. Die Überdachung ist zwar sinnvoll, doch ihre scharfen Kanten erzeugen negatives Sha Chi, und auch die offen stehende Mülltonne lässt kein positives Chi fließen.

Herzlich willkommen!

Bei diesem lebendig gestalteten Eingang – blühende Kübelpflanzen, freundliches Licht und ein gut sichtbares Türschild – freut sich jeder Besucher auf das, was ihm in diesem Haus begegnen wird, und bringt so das Chi geradewegs mit hinein.

Unüberschaubarer Eingangsbereich

Ungünstig und diffuse Ängste auslösend sind Eingangsräume, die man nicht überblicken kann, weil sie mit Ecken, Winkeln oder wuchtigen Schränken gestaltet sind. Außerdem sollten keine scharfen Kanten und spitzen Gegenstände auf den Eintretenden zeigen.

Klar gestalteter Eingangsbereich

In diesem Flur sind die Signale positiv gesetzt: Der Eintretende kann den Raum mit einem Blick erfassen, und die geschmackvolle und hochwertige Ausstattung gibt ihm indirekt das Gefühl, dass die hier lebenden Menschen Wert auf sein Kommen legen.

Zu viel Distanz

Mit seinem wuchtigen Tresen, auf den der erste Blick beim Eintreten fällt, signalisiert dieser Empfangsbereich Abgrenzung. Der dem Ankommenden abgewandte Stuhl und die lieblose Gestaltung stärken die Unsicherheit, ob der Besucher willkommen ist.

Freundlicher Empfang

Hier bekommt der Eintretende das Gefühl eines warmen Willkommens: Der niedrige Tisch ist ihm zugewandt, die Stühle laden zum Sitzen ein, und die Accessoires wirken freundlich. Das positive Gefühl des Besuchers stärkt die Energie des Raums.

Im sanften Fluss des Chi

Harmonischer Chi-Fluss Nicht nur der Eingangsbereich, sondern auch die anderen Räume eines Hauses oder einer Wohnung sollten so gestaltet werden, dass man sich darin wohl und geborgen fühlt.

Hohe Räume

Die Wohlfühlhöhe Menschen fühlen sich wohl in Räumen mit einer Höhe von 2,40 bis 3 Metern. Höhere Räume wecken Assoziationen an Schlösser, Kirchen oder Bahnhöfe, also Räume, die man eher selten betritt, und die auch durch ihre Raumhöhe oft ein Verlorenheitsgefühl bewirken.
Zu hohe Räume Bei zu hohen Räumen in Ihrer Wohnung sind niedrigere Zwischendecken die einfachste Lösung. Dies ist aber nicht immer möglich und auch ästhetisch nicht immer von Vorteil. Eine gute Möglichkeit ist dann, die Decke optisch zu plastizieren, etwa durch Stuck. Auch die horizontale Unterbrechung der Wände durch Ornamente, Bordüren, Wandregale oder rechteckige Gemälde mit horizontalen Motiven bietet sich an. Ungünstig sind lang gestreckte Möbel oder hohe Pflanzen.

Lange Flure

Zu schnelles Chi Auf langen Fluren, etwa in Behörden oder Krankenhäusern, beschleunigt sich das Chi und kann zu einem reißenden Strom werden, so dass sich intuitiv niemand gern lang dort aufhält oder unruhig wird, wenn er dort warten muss.
Das Chi sanft abbremsen Lange Flure sollten so gestaltet werden, dass das Chi gebremst und verteilt wird. Dies gelingt am einfachsten durch große Pflanzen, Raumteiler, Mobiles oder großformatige Bilder an den Wänden. In alten Klöstern findet man auf langen Gängen oft kleine Nischen in den Wänden oder Heiligenfiguren, die den Weg säumen. Dadurch wird das Chi verlangsamt und in eine harmonisch fließende Wellenbewegung überführt.
Das Chi verteilen Gegenüber Türen, die auf einen langen Flur führen, sollten Sie Aufmerksamkeitsobjekte oder Spiegel anbringen. Sie halten Menschen, die aus den Zimmern in den Flur treten und dabei zusätzlich Chi einströmen lassen, zur Langsamkeit an, und das Chi mündet weich in den Gesamtenergiestrom des Flures ein.

Gerade Treppen

Chi-Wasserfälle Gerade verlaufende Treppen wirken wie Chi-Wasserfälle. Menschen, die darauf gehen, beschleunigen oft reflexartig ihren Gang. Wenn Sie ein Haus planen, sollten Sie deshalb unbedingt darauf achten, dass Treppen geschwungen verlaufen und nie direkt an der Eingangstür münden, denn sonst verlässt viel Leben spendendes Chi das Haus.
Chi-Bremsen einbauen Doch was kann man tun, wenn man nun mal in einem Haus wohnt oder arbeitet, in dem sich gerade Treppen befinden? Hier lässt sich das Chi mit einfachen Hilfsmitteln abbremsen und gleichmäßig verteilen:
Teppich auf der Treppe Legen Sie die Treppe mit Teppich aus, der die Schritte weicher und langsamer werden lässt.
Richtungweisende Bilder Hängen Sie in horizontaler Flucht beruhigende oder oval gefasste Bilder auf, etwa mit Blumen, Abendlandschaften oder Vögeln.
Pflanzen Ist die Treppe breit, können Sie aufstrebende Blumen oder Rankgewächse seitlich auf den Stufen platzieren.

Ordnung ist das halbe Leben – »Energietümpel« vermeiden

In diesem klar strukturierten Raum, in dem alles seinen Platz hat, kann die Lebensenergie frei fließen.

Besonders ungünstig für die Wohnqualität und für den ungehinderten Chi-Fluss sind »Energietümpel«.

Sha, negative Energie
Überall da, wo das Chi nicht ungehindert fließen kann oder durch Staub, Müll und Dreck gebunden wird, entsteht Sha – schlechte Energie. Die Folge von Sha sind Lustlosigkeit, Trübsinn und Gleichgültigkeit. Negative Energie in Form von Aggressionen, Unzufriedenheit und Streit kann außerdem durch scharfe Kanten und Ecken, etwa von Schränken oder auch durch Häuserecken, hervorgerufen werden.

Ausmisten und Aufräumen
Gegen »Energietümpel« hilft Ordnung schaffen: Ungeleerte Aschenbecher, verstaubte Akten, schmutzige Teppiche, benutzte Kaffeetassen oder ungespültes Geschirr, überfüllte Papierkörbe, alte Zeitschriftenstapel, schmutzige Kleidung, verwelkte Blumen, trübe Fenster oder Spiegel, Spinnweben, alter Krempel – all dies bringt den Chi-Fluss zum Stagnieren und lässt energetische Tümpel entstehen. Wer täglich in einem solchen Tümpel »badet«, der nimmt über kurz oder lang auch dessen Geschmack und dessen Schwingungsmuster an.

Ungünstig

Günstig

Vorsicht Giftpfeile!
Im Büro sollten Tischkanten nie in Richtung Tür oder auf einen anderen Mitarbeiter zeigen. Sind Menschen der negativen Energie solcher beschleunigten Sha-Pfeile ausgesetzt, dann kann es schnell zu Unstimmigkeiten kommen.

Harmonie im Raum
Chi sollte sich möglichst sanft im gesamten Raum verteilen: Durch Blumen, Kristalle, Mobiles oder Steinarrangements lässt sich das Chi in die Ecken »locken«. Alle spitzen Kanten sollten möglichst beseitigt werden – auch bei Tischen, Schränken und Kommoden.

Gerader Treppenlauf
Nach Feng Shui sind schnurgerade Treppen ungünstig für einen harmonischen Energiefluss, denn hier wird das Chi zu pfeilschnellem Sha Chi. Dem lässt sich entgegenwirken, indem man links und rechts auf den Stufen einige Objekte, z. B. Topfpflanzen, aufstellt, mit denen die Energie in sanfte Bahnen gelenkt wird.

Geschwungene Treppe
Wenn Sie planen, ein Haus zu bauen, sollten Sie Ihre Treppe am besten so anlegen, dass sie in einer sanften Linkskurve verläuft, da die Energie auf diese Weise am harmonischsten durch das Haus gelenkt wird. Wendeltreppen sind jedoch ungünstig, denn sie erzeugen chaotische Energiestrudel.

Deckenfluter schaffen Atmosphäre
In hohen Räumen sollte das Licht nicht von der Decke kommen (Abbildung links). Besser ist es, den Raum stattdessen mit Wand- und Stehlampen auszuleuchten (Abbildung rechts).

Werkzeuge des Feng Shui

Wie wir gezeigt haben, geht es im Feng Shui zuerst um die Verbesserung der Chi-Qualität, also um Reinigung, Optimierung, Stabilisierung und Verteilung des Chi im Raum. Dafür haben sich einige Instrumente und Hilfsmittel bewährt.

Cleaning

Frühjahrsputz Das einfachste Mittel, um eine erste Verbesserung der Chi-Qualität zu erreichen, ist ein grundlegendes Cleaning. Früher war es Sitte, im Frühjahr einen gründlichen Hausputz zu machen. Teppiche und Polstermöbel wurden nach draußen befördert und ausgeklopft, Gardinen abgenommen und gewaschen, Möbel von den Wänden gerückt, und bis in die kleinste Ecke regierte der Putzlappen. Nach einem solchen Hausputz fühlt man regelrecht die frische Energie in den Räumen. Wenn Sie zusätzlich dazu Zitronensaft und Rosenöl ins Reinigungswasser geben, erhöht dies den energetischen Reinigungseffekt der Putzaktion beträchtlich.
Renovierung Wer einige Wände frisch streicht und den Boden und die Abstellkammer entrümpelt, verbessert die Chi-Qualität noch mehr. Dazu gehört auch die Befreiung von Altlasten in Form von ausrangierten Büchern, Zeitschriften und Kleidung. Trennen Sie sich von Dingen, die Sie nicht mehr brauchen – das Loslassen von altem Ballast befreit.

Räucherungen

Energetische Altlasten Diese kann man über Gebete und dezente Räucherungen mit Sandelholz und Weihrauch regelrecht entsorgen. Räucherungen empfehlen sich besonders beim Einzug in eine Wohnung oder ein Haus oder wenn nach einem Todesfall ein Raum neu genutzt werden soll.
Stagnierende Energie Zwischen Gebäuden oder in abgeschotteten Lagerräumen kann man durch lautes Klatschen oder durch Anzünden von Feuerwerkskörpern den Chi-Fluss wieder in Bewegung bringen. Sicher ist Ihnen auch schon aufgefallen, dass am Neujahrsmorgen eine besonders weiche und befreite Atmosphäre herrscht – und das lässt sich auch auf die Silvesterböllerei zurückführen.

Pflanzen

Chi-Förderer Pflanzen sind unverzichtbar, um die Chi-Qualität in Räumen zu verbessern. Sie geben nicht nur selbst Chi ab, sondern verteilen das Chi auch besser im Raum – abgesehen davon, dass blühende Pflanzen für die Augen eine Wohltat sind und die Luftfeuchtigkeit unterstützen. Pflanzen, und dabei vor allem Kakteen, haben sich auch bei der Neutralisierung von Elektrosmog bewährt. Deshalb sollten in der Nähe von Computern, Hifi-Anlagen und Fernsehgeräten viele Pflanzen stehen.
Schnittblumen und Pflanzen Blühende Pflanzen geben besonders viel Chi in den Raum ab. Wer es sich leisten kann oder über einen Garten verfügt, sollte deshalb in seiner Wohnung oder seinem Büro stets einen frischen Blumenstrauß stehen haben. Auch vor Fenstern sollte man Blumen platzieren, da das Chi den Raum durch Fenster schnell verlässt und Pflanzen diesen Abzug des Chi aufhalten. Gleichzeitig reichern sie das von außen durch die Fenster einströmende Chi an. Trockenpflanzen und Plastikblumen sind jedoch ungünstig, da sie verbrauchtes Chi in Form von Staub sammeln. Auch welke und kranke Pflanzen sollten Sie entsorgen.

Spiegel

Chi-Verteiler Spiegel bringen das Chi in Bewegung, denn sie aktivieren und verteilen die Lebensenergie im Zimmer. Optisch bewirken sie eine Vergrößerung des Raumes und eine Verstärkung der Lichtquellen. Mit Spiegeln kann man also gezielt den Fluss des Chi verbreitern und sein Gesamtniveau anheben.
Sonderfall Schlafzimmer In Verkaufs- und Präsentationsräumen sollte man immer Spiegel platzieren, in Schlafräumen dagegen sollte man Spiegel möglichst vermeiden, da sie zu viel Energie abstrahlen und dadurch den Schlaf beeinträchtigen können. In alten Schlafzimmergarnituren gab es daher oft zuklappbare Spiegelkommoden oder Spiegel in den Schrankinnentüren. Man kann sich aber auch damit behelfen, dass man nachts ein hübsches Tuch über den Spiegel hängt

Kristalle

Chi-Regulatoren Im Feng Shui gelten runde oder geschliffene Kristalle als Regulatoren der Chi-Geschwindigkeit in einem Raum. Mit ihnen kann man das Chi beschleunigen und zirkulieren lassen. Diese Funktion erfüllen besonders Kristallleuchter in Festsälen oder Hotelfoyers.

Aber auch Kristallkugeln, die man gezielt vor einem Fenster, über einer Treppe oder in einem Flur herabhängen lässt, können erheblich dazu beitragen, dass sich das Chi in einem Raum vitaler und besser anfühlt. Man sollte die Kristalle allerdings so im Raum platzieren, dass sie nicht unbewusst als Gefährdung (z.B. über einem Sitzplatz) wahrgenommen werden, und auch ihre Größe sollte vom Raum abhängig sein; meist ist ein Durchmesser von drei bis vier Zentimetern für einen durchschnittlich großen Wohnraum ausreichend.

Klangkörper

Natürliche Klänge Vor allem an Hauseingängen, in Wintergärten und an Treppenaufgängen haben sich Klangspiele als Chi-Verbesserer bewährt, denn ihr unauffälliger, harmonischer Vielklang schafft eine sanfte Atmosphäre und schluckt zudem störende Außengeräusche. Bei der Auswahl eines Klangspiels sollten Sie jedoch unbedingt auf einen tadellosen Wohlklang und einen harmonischen Zusammenklang der Röhren achten.
Das Chi lässt sich im Innenbereich eines Gebäudes auch durch tibetische Klangschalen oder durch hölzerne Musikinstrumente erheblich verbessern – im Feng Shui ist vor allem die Bambusflöte sehr beliebt.

Musik aus Tonträgern Natürlich beeinflusst auch Musik die Chi-Qualität eines Raumes. Experimente haben ergeben, dass bei klassischer Musik, vor allem bei sanften, fließenden Klängen wie von Mozart, Kühe besonders viel Milch geben und Pflanzen besser gedeihen, während hämmernde Musik das Chi-Niveau senkt.

Wasser

Chi-Vitalisierer Zimmerbrunnen, Aquarien und Wasserschalen gelten im Feng Shui als die geheimen »Zaubermittel«, um das Chi zu vitalisieren, denn im Unterbewusstsein der meisten Menschen verbindet sich Wasser mit Ruhe, Erholung und Natur.
Fließenlassen und Frische Wenn Wasser plätschert, entsteht ein angenehmer Klang. Entspannung wird dadurch gefördert – und das ist eine der Grundvoraussetzungen für Wohlbefinden und für den Erfolg.

DNS-Spirale

Universelle Energie Die DNS-Spirale ist ein Abbild von universeller Energie und Informationsprinzipien, denn sie verbindet Himmel und Erde in einem scheinbar endlosen Lauf von auf- und absteigenden Kreisbewegungen. Erfahrungen haben gezeigt, dass DNS-Spiralen gut geeignet sind, um das energetische Gesamtniveau in Räumen spürbar anzuheben und zu stabilisieren. Gezeigt hat sich auch, dass DNS-Spiralen in Gewächshäusern oder Stallungen die Vitalität deutlich erhöhen.

Mobiles

Chi mobilisieren Mobiles, indianische Traumfänger oder Girlanden zerstreuen und verteilen zäh fließendes Chi im Raum. Mobiles, die an Leichtigkeit und Unbeschwertheit erinnern, eignen sich besonders für Kinder-, Wohn- und Esszimmer.

Beleuchtung

Natürliches Licht Sehr wichtig für die Chi-Qualität eines Raumes ist die richtige Beleuchtung. Am günstigsten wirken Sonnenlicht, Kerzenlicht oder das Flackern eines Kaminfeuers. Neonröhren gelten als Chi-Killer, weil sie nur einen Teil des Lichtspektrums abstrahlen und den Menschen dazu zwingen, die Augen permanent anzustrengen. Besonders vorteilhaft sind Salzkristalllampen, denn die negativen Ionen, die die Salzkristalle bei Erwärmung vermehrt abstrahlen, reinigen nicht nur die Atmosphäre und schaffen ein gesundes Raumklima, sondern sie reinigen auch die Aura der Menschen.

Die Kraft der fünf Elemente

Nach der Lehre des Feng Shui besteht die Natur der Welt und damit auch des Menschen aus fünf Elementen, die untereinander in einer Wechselbeziehung stehen: Holz, Feuer, Erde, Metall und Wasser. In den Augen von Feng Shui kann der Mensch nur dann gesund, erfolgreich und im Einklang mit der Welt sein, wenn in seiner direkten Umgebung alle fünf Elemente ausgewogen vorhanden sind.

Schwingungsmuster Die Energien der fünf Elemente Erde, Feuer, Holz, Metall und Wasser sind die Grundbausteine der Materie. Damit ist aber nicht nur das konkrete Element gemeint, sondern auch sein jeweiliges spezifisches Schwingungsmuster im Zusammenklang der Dinge.

Holz steht also nicht nur für den Holzschreibtisch oder Holzfußboden, sondern auch für alle Formen, die dem Baumstamm gleichen, etwa Säulen oder Sockel. Holz steht aber auch für Wärme und Behaglichkeit, wie zum Beispiel Polstermöbel. Es geht also bei den Elementen mehr um ihre jeweils fühlbaren Qualitäten als um die konkrete Präsenz.

Schwächung oder Unterstützung Feng Shui hat sich zudem in besonderer Weise damit beschäftigt, wie die einzelnen Elemente aufeinander wirken und reagieren. Denn es gibt Elemente, die sich gegenseitig in ihrer Auswirkung schwächen, und solche, die sich gegenseitig unterstützen. Die Kunst des Feng Shui besteht nun darin, die Elemente optimal auszubalancieren.

Sind alle Elemente vorhanden?

Fehlendes ergänzen Überprüfen Sie, ob in Ihrem Zimmer, auf dem Schreibtisch oder in Ihrem Geschäftsraum alle Elemente vorhanden sind. Andernfalls sollten Sie Korrekturen oder Ergänzungen vornehmen, um den »Haushalt« der Elemente auszugleichen. Fehlt etwa im Kinderzimmer das Element Wasser, können Sie dieses durch einen nachtblauen Teppich »herbeizaubern«. Oder fehlt beispielsweise in einem Videoladen das Element Erde, so lässt es sich durch Tonvasen, erdige Farbtöne bei Wänden und Möbeln oder einen gemauerten Tresen ergänzen.

Balance der Elemente

Ausgleich schaffen Überprüfen Sie, ob alle Elemente in einem ausgewogenen Verhältnis vorhanden sind. Dominiert etwa Holz in einem Holzmassivhaus, sollten Sie bei der Auswahl von Teppichen, Gardinen, Möbeln und Accessoires eine weitere Verstärkung des Holz-Elementes vermeiden, also möglichst keine Tapeten, Dekorationselemente oder Stoffe mit Blumenmustern verwenden. Auch bei Textilien aus Pflanzenfasern wie Baumwolle oder Leinen ist Zurückhaltung geboten, besser sind Leder, Wolle oder Felle (= Element Feuer). Wichtig für ein vom Holz-Element dominiertes Gebäude ist die Verstärkung des Erde-Elements, denn sie verbraucht überschüssige Holz-Energie. Konkret heißt das: Wände aus Stein, Ziegel oder Wände mit Mörtelanstrich und Töpfe aus Keramik und Ton. Als Fußbodenbelag eignen sich Fliesen und Kacheln, denn sie stehen für das Element Metall, und Metall schwächt Holz. Zurückhaltend sollte man bei zu viel Holz auch mit dem Element Wasser sein, denn Wasser nährt Holz.

Energie in Farben und Formen

Die Baumeister der gotischen Kathedralen schufen lichtdurchflutete Räume mit feierlicher Würde.

Auch Materialien und Formen senden spezifische Schwingungsmuster aus, die Einfluss auf das Chi eines Gebäudes oder Raumes haben.

Alte Baukunst
In sakralen Gebäuden arbeiteten die alten Baumeister gezielt mit Bögen, Kuppeln und Portalen in ganz bestimmten Proportionen und Maßeinheiten. Alles zusammen genommen bildet sich dadurch ein komplexes und sehr harmonisches Schwingungsfeld, das Chi »erzeugt« und das man sofort spüren kann. Diese stärkende Atmosphäre liegt u.a. an der quasi Chi-gesättigten Luft.

Moderne Baukunst
Betreten Sie dagegen zum Beispiel eine moderne Kirche, die in den sechziger oder siebziger Jahren gebaut wurde, so spüren Sie im Raum schlimmstenfalls die gleiche Chi-Qualität, wie man sie in einem Industriegebäude erlebt, denn das Wissen der alten Baumeister und auch ihr Gespür für harmonische Zusammenhänge sind heute fast völlig verloren gegangen. Doch das beginnt sich jetzt langsam wieder zu verändern. Das Bewusstsein der Menschen im Hinblick auf organische Zusammenhänge und auf energetische Qualitäten wächst.

Das Element Erde
Sand, Mörtel; Ziegel, Kacheln, Lehmsteine, Terrakotta, Porzellan; Keramik, Porzellan oder Ton; Hängepflanzen; Landschaftsbilder, horizontale Linien, glatte Oberflächen; Quadrat, Rechteck; flache Formen; Erdfarben (Ocker, Gelb, Beige, Braun).

Das Element Holz
Möbel und Gegenstände aus Holz, Kork, Bambus, Korb; Gartenpflanzen; Textilien aus Pflanzenfasern (Baumwolle, Leinen); Polstermöbel, Tapeten und Dekorationen mit Blumenmuster, Säulen, Standuhren, Stehpulte; Hochhäuser, Schornsteine; baumähnliche Formen (Pfosten, Pfeiler, Balken); Holzfarben (Grün und Hellbraun).

Das Element Metall
Gegenstände aus Metall einschließlich Edelstahl; Marmor, Granit, Fliesen, Felsen; Kunstwerke und Skulpturen aus Metall; Kristalle, Edelsteine; rundblättrige Pflanzen; gewölbte Formen, Bögen, Kuppeln, Halbkreise, Punkte, Kreis, Oval; Glutfarben (Weiß und Pastelltöne).

Das Element Wasser
Aquarien, Brunnen, Teiche, Bäche, Wasserschalen; Glas, Spiegel, geschliffene Oberflächen; drapierte Vorhänge; Vitrinen, Glastische; Moose, Farne; Wellenformen; unregelmäßige Muster, Tropfenformen; Wasserfarben (Dunkelblau, Schwarz, Anthrazit).

Das Element Feuer
Alles, was Licht spendet (Lampen, Kerzen, Öfen, Kamine); alles, was Vitalität verkörpert (Menschen, Haustiere); Leder, Knochen, Felle, Wolle, Federn, Bilder oder Skulpturen von Menschen oder Tieren; üppig blühende Pflanzen, Rankgewächse; Pyramiden, Dreiecke, Kegel; Spitzdächer; Zackenlinien; Nischen; Feuerfarben (Rot in allen Abtönungen).

Das Chi der Umgebung

Wenn Sie gerade auf der Suche nach einem Haus sind, dann lohnt es sich, den künftigen Platz nach bestimmten energetischen Aspekten zu prüfen.

Jede Landschaft lässt sich nach dem Prinzip der Himmlischen Tiere analysieren.

Der richtige Standort

Auch bei der Standortwahl eines Hauses geht man im Feng Shui davon aus, dass bestimmte energetische Schwingungsmuster der örtlichen Gegebenheiten dazu beitragen, ob sich die Menschen in einem Haus wohl fühlen oder nicht. In der Tradition des Feng Shui ist ein Gebäude optimal platziert, wenn es von der Umgebung freundlich und sicher »umarmt« wird und nach vorne hin den Blick freigibt.

Das Bild vom Lehnstuhl

Moderne Feng-Shui-Experten benutzen für die optimale Lage eines Gebäudes in der Landschaft gern das Bild eines Lehnstuhls, auf dessen Sitzfläche das Gebäude platziert sein sollte. Im alten China sprach man auch von der heiligen Wohnstatt im Bauch des Drachen: geschützt und weiträumig.

Der optimale Platz

Stabilität im Rücken – die Schildkröte

Schutz von hinten Im Rücken eines Gebäudes liegt idealerweise ein Berg, der es nicht nur vor scharfen Winden schützt, die Wärme und Lebenskraft aus dem Haus tragen könnten, sondern auch als Schutz dient vor »überraschenden Angriffen«, denn diese Angst ist tief in den menschlichen Instinkten verwurzelt. Als Symbol für diesen Schutz etablierte sich im Feng Shui die Schildkröte.

Rückendeckung bieten Die Schildkröte weist auch auf ein Grundprinzip der Gestaltung im Feng Shui hin: Alles, was sich im Rücken eines Gebäudes, hinter einem Schreibtisch oder einem Tresen befindet, sollte für den Menschen Stabilität, Ruhe und Sicherheit präsentieren.

Nur, wenn der Mensch den Rücken frei hat und keine Unsicherheiten spürt, kann er sich ganz seinen Aufgaben widmen. Das heißt: Keine offenen Regale, Türen oder Fenster im Rücken eines Sitzplatzes platzieren. Ungünstig für die Rückseite eines Gebäudes sind Wasserläufe, die direkt auf das Grundstück zulaufen, denn dies aktiviert Urängste von Überschwemmungen. Auch Straßen oder Wege direkt hinter dem Grundstück lösen subtile Unsicherheiten aus.

Glück und Schutz zur Linken – der Drache

Macht und Fülle Auf der linken Seite – betrachtet vom inneren Zentrum des Gebäudes aus – sollte sich eine kleine Mauer, eine Hecke oder ein Hügel befinden. Das Symbol hierfür ist der Drache. Er repräsentiert Macht und schreckt dunkle Gestalten ab. In der chinesischen Tradition ist der Drache aber vor allem ein Glückssymbol. Dafür muss man allerdings nicht eigens einen Drachen aufstellen. Es genügt, wenn man sich die Qualität des Drachen durch üppig bepflanzte Blumenkübel, Erdhügel mit Hochbeeten oder mild strahlende Gartenlaternen auf das Grundstück holt.

Verteidigung zur Rechten – der Tiger

Aktiver Schutz Ein Gebäude braucht aber nicht nur passive Absicherung, sondern auch aktiven Schutz, denn Glück, Wohlstand und Zufriedenheit ziehen wie ein Magnet Neider, Trittbrettfahrer und andere weniger gut gesonnene Menschen an – entsprechend dem Prinzip von Yin und Yang, dass jeder Pol auch seinen Gegenpol aktiviert. Zum Schutz vor Kräften, die das Glück eines Gebäudes bedrohen und angreifen könnten, steht deshalb der Tiger, der mit scharfem Auge wacht und jederzeit bereit zum Angriff ist. Im Gartenbereich kann man deshalb auf der rechten Seite eine dornige Hecke anlegen, Nadelbäume pflanzen oder auch eine Steinmauer errichten. Vor Geschäftsgebäuden empfehlen sich auf der rechten Seite Säulen oder auch Blumenkübel vor dem Eingang.

Haustüren und Eingänge sollten außerdem immer mit zwei Lampen ausgeleuchtet sein. Auch massiv eingefasste Gartentore signalisieren Schutz und Wehrhaftigkeit.

Freiheit vor dem Haus – der Phönix

Der Blick nach vorn Wenn Sie Ihr Haus oder Ihre Wohnung verlassen und mit dem Rücken zur Haustür stehen – welchen Anblick würden Sie sich wünschen? Den meisten Menschen ist eine weite Landschaft und ein freier Blick in den Himmel am liebsten. Und für diese Weite und Freiheit steht das Symbol des Phönix, der sich frei in die Lüfte erhebt und von oben herannahende Gefahren wahrnimmt, aber durch seinen Weitblick auch unbekannte Landschaften entdecken kann.

Freiflächen Der Platz vor dem Haus ist im Idealfall eine Freifläche mit Rasen, einem kleinen Teich und geschwungenen Auffahrtswegen. Bei der Gestaltung von Geschäften sollte man immer darauf achten, dass die Kunden nach dem Verlassen des Geschäfts nicht sofort mitten auf dem Gehweg stehen.

Jedes Tier an seinem Platz

In diesem Garten sind alle Fünf Himmlischen Tiere optimal vertreten: Auf der linken Seite des Hauses, der Seite des Drachen, stehen hohe Bäume, die Kraft und Stärke vermitteln. Auf der rechten Seite, der Tigerseite, wird der Garten durch Beete nach außen hin abgegrenzt. Die wenigen Büsche vor dem Haus, auf der Phönixseite, ermöglichen einen freien Blick über den Garten hinaus.

Die nötige Rückendeckung der Schildkröte wird durch einen dichten Busch- und Baumbestand gewährleistet. Die Gartenmitte, der Bereich der Schlange, liegt frei und ruhig.

Schildkröte

Die langsame Schildkröte hinter dem Haus bietet mit ihrem starken, stabilen Panzer den nötigen Rückenschutz, ohne den wir uns unsicher und unbehaglich fühlen würden.

Schlange

Die scheinbar bewegungslose Schlange im Zentrum verkörpert den Ruhepol, von dem alle Aktivitäten ausgehen. Fehlt sie, sind auch die anderen Tiere nicht mehr im Gleichgewicht.

Drache

Der weise Drache bringt mit seiner Macht und Überlegenheit viel Glück bringende Kraft in den Garten. Als sichtbares Symbol seiner Stärke gebührt ihm der höchste Platz im Garten.

Der Tiger

Der hellwache Tiger auf der rechten Seite bringt Bewegung in den Garten. Immer auf der Hut vor Feinden, ist er in seiner Angriffslust unberechenbar und aktiviert Wachheit und Achtsamkeit.

Phönix

Der freie Flug des unsterblichen Sagenvogels Phönix symbolisiert die Inspiration und das Gefühl von Freiheit und Weite, die ein Garten uns geben kann.

Die Energie der Plätze

Keine Stadt, keine Landschaft gleicht einer anderen – dies gilt für die äußere Erscheinung und die innere Qualität.

Der Steinkreis von Stonehenge ist einer der bekanntesten magischen Plätze.

Energieunterschiede »New, York, New York, you've got money on your mind«, so heißt es in einem berühmten Song, doch wer nach Venedig reist, hört dort immer nur von »Amore« und »O sole mio« singen. Orte haben ganz offensichtlich ihre eigene Energie, die bestimmte Tätigkeiten, Empfindungen oder geistige Entwicklungen unterstützt. Womit diese unterschiedlichen Qualitäten zusammenhängen, liegt sowohl an äußeren Faktoren wie Klima und Umgebung als auch an unterirdischen Gegebenheiten.

Erd-Meridiane In den Augen des Feng Shui ist die Erde wie der menschliche Körper mit einem riesigen Netz von Energieleitbahnen (Meridianen) durchwoben, in denen konzentriert die Lebenskraft Chi fließt. Wo sich kräftige Meridiane kreuzen, haben sich im Lauf der Zeit oft berühmte Städte oder Kultplätze entwickelt. Der Kultplatz Stonehenge etwa liegt auf einer großen Mehrfachkreuzung, aber beispielsweise auch die Reeperbahn in Hamburg verläuft auf starken Meridianen.

Macht der Umgebung

Magnetische Einflüsse Prinzipiell beruhen alle Vorgänge im menschlichen Körper auf elektro-chemischen und magnetischen Phänomenen, so dass wir selbst wesentlich von erdmagnetischen Kraftfeldern bestimmt werden, auch wenn wir dies nicht direkt spüren und wahrnehmen. Aber wer einmal an der Nordsee dem Schauspiel von Ebbe und Flut zugeschaut hat, der wird ein Gefühl von diesen gewaltigen erdmagnetischen Kräften bekommen haben.
Erdmagnetische Kräfte Diese Energien sind allerdings nicht gleichmäßig über den ganzen Planeten verteilt, sondern verdichten sich in bestimmten Linien und Gitterstrukturen und können durch unterirdische Wasseradern oder Gesteinsrisse gestört und verzerrt werden.

Unterirdische Wasseradern

Transportkanäle Wasseradern können einen erheblichen Einfluss auf die Gesundheit und das Wohlbefinden haben. Im Westen spürt man diesen erdmagnetischen Störfeldern mit der Rute nach, in China mit dem so genannten Lopan-Kompass, der den Grad der ermagnetischen Abweichung von der Nord-Süd-Richtung misst.

Der Lopan-Kompass

Die Methode Zum Messen wird der Lopan über eine Schiene im Abstand von einem halben Meter über das Messfeld gezogen. Weicht die Kompassnadel an dieser Messlinie um weniger als drei Grad von der Nord-Süd-Achse ab, notiert man dies auf der Karte oder dem Grundriss mit einem gelben Punkt. Mit einem orangefarbenen Punkt markiert man eine schwache Anomalie zwischen vier und zehn Grad. Eine Abweichung von zehn Grad und mehr wird mit einem roten Punkt markiert. Ein Leben in Gesundheit und Wohlstand an einem Platz mit einer so starken Abweichung wird nahezu ausgeschlossen.
Testen lassen Wenn Sie vorhaben, ein Haus zu bauen, dann sollten Sie unbedingt vorher auf dem Baugrund eine Untersuchung des erdmagnetischen Feldes durch einen Rutengeher oder Feng-Shui-Experten veranlassen. Denn wenn der Grund, auf dem das Haus steht, massiv gestört ist, dann stoßen selbst die besten Feng-Shui-Maßnahmen an ihre Grenzen.

Den richtigen Platz finden

Äußere Bedingungen Bei der Auswahl des richtigen Standortes sollten Sie auch die äußere Umgebung sorgfältig prüfen: Wie fühlt sich der Ort, die Nachbarschaft an? Gesund, vital, blühend, zufrieden oder eher bedrückt, gereizt, hektisch, verschlossen, misstrauisch? Lieben und pflegen die Menschen ihren Platz, oder gehen sie eher gleichgültig und nachlässig damit um? Achten Sie genau auf entsprechende Anzeichen, denn man kann sich nur schwer dem Energiefeld seiner unmittelbaren Umgebung entziehen – oder es kostet Sie sehr viel Kraft. Dazu ein Beispiel aus der Physik:
Stellt man zwei Pendeluhren gleicher Bauart in einen Raum, dann gleicht sich ihr Pendelschlag innerhalb von 24 Stunden an. Hier sind dieselben subtilen Mechanismen der Schwingungsangleichung am Werk, die auch für ein Gebäude und sein Umfeld gelten.
Die Wirkung der Umgebung Grundsätzlich sollte man daher die direkte Nähe von Krankenhäusern, Polizeistationen, Gefängnissen, Friedhöfen, Schlachthöfen, Nachtlokalen, leer stehenden Fabriken oder heruntergekommenen Wohnsiedlungen meiden, denn hier sammelt sich viel verbrauchte und destruktive Energie. Besonders achten sollten Sie bei der Wahl des optimalen Standortes auch auf Besonderheiten, die für die energetische Qualität eines Gebäudes ungünstig sind. Negative Besonderheiten im Umfeld sind zum Beispiel viel befahrene, gerade verlaufende Straßenzüge, große Kreuzungen, dicht bebaute Sackgassen und scharfe Kanten von Nachbargebäuden, die auf das Haus zeigen.

Sha Chi durch schnelle Straßen

Chi beschleunigt sich auf geraden Straßen. Ist das Chi zu schnell, wird es nicht von der Umgebung aufgenommen und zieht in seinem Sog auch Chi aus anliegenden Häusern mit sich. Besonders schädlich ist dies, wenn ein Gebäude an einer stark befahrenen Kurve liegt. Geeignete Gegenmaßnahmen sind massive Zäune, eine »Mauer« aus Büschen oder Kristallkugeln und Mobiles am Fenster, die die Energie bremsen und verteilen.

Häuser an Kreuzungen und Gabelungen

Die nähere Umgebung beeinflusst das Chi des Hauses, in dem Sie wohnen, und damit auch Ihr Leben. Liegt ein Gebäude zum Beispiel direkt an einer T-Kreuzung, einer Gabelung oder im Zentrum eines Kreisverkehrs, dann überträgt sich diese unruhige Energie auch auf die anliegenden Gebäude.

Energiestrudel im Kreisverkehr
Wer in einem Haus an einem Kreisverkehr wohnt, ist von chaotischen Energiestrudeln umgeben, die Unruhe und Spannungen erzeugen.

Stagnierendes, ruhendes Chi in einer Sackgasse
Das Wohnen in einer Sackgasse bedeutet zwar Ruhe und Abgeschiedenheit, aber auch Stagnation, wenn nicht ab und an für »frischen Wind« gesorgt wird, der Energie und neue Ideen bringt.

Spiegel contra »Giftpfeile«

Nicht nur dekorativ, sondern energetisch auch außerordentlich wirksam ist ein Bagua-Spiegel, der sowohl positives Chi anziehen als auch negatives Sha Chi abwehren kann. Die Wirkung von »Giftpfeilen« lässt sich mit Hilfe eines Spiegels eliminieren, in dem man konvexe Spiegel so an der Hauswand, dem Fenster oder der Tür befestigt, dass sie den »Giftpfeil« reflektieren und somit die Energie zerstreuen.

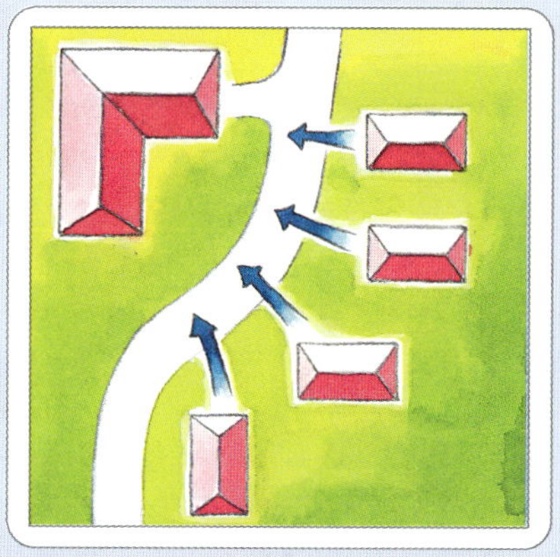

»Giftpfeile« durch Dachkanten
Scharfe Ecken und Kanten formen Chi so, dass es wie ein Giftpfeil auf gegenüber liegende Gebäude zuschießt. Zeigt die Hauskante oder Dachkante eines Nachbarhauses direkt auf Ihre Hausfront oder Eingangstür, entwickelt sich im Haus leicht eine gereizte Stimmung.

»Giftpfeile« attackieren das Haus
Die Häuser auf der rechten Straßenseite schießen Giftpfeile gegen das große Haus.

Raum- und Zeitmaße

Alles am richtigen Platz?

Seit der Antike arbeiten Baumeister und Architekten gezielt mit einem ganz besonderen Proportionsmaß – dem so genannten Goldenen Schnitt.

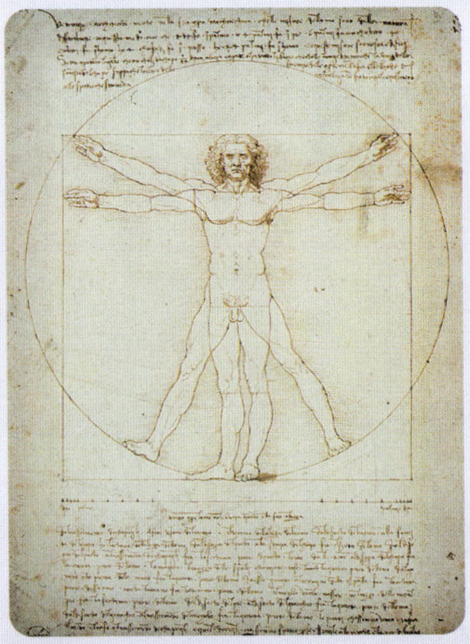

Nicht nur in der Kunst – auch im Feng Shui gibt es ideale Maße.

Die idealen Proportionen
Bittet man eine Gruppe von Menschen, eine beliebig lange Strecke in zwei ungleiche Hälften zu unterteilen, die harmonisch wirken sollen, dann wählen mehr als 90 Prozent den gleichen Punkt mit einer Abweichung von Plusminus fünf Prozent. Diese Unterteilung entspricht dem Maß des Goldenen Schnitts. Bau- oder Kunstwerke, die bewusst mit diesen Längenverhältnissen konstruiert sind, wirken deshalb auf den Betrachter »schön« und proportioniert. Ein subtiles Gefühl sagt uns, dass es so in Ordnung ist. Aber woher rührt dieses Empfinden? Auch in der Wissenschaft hat man über dieses Phänomen spekuliert. Die plausibelste Antwort darauf ist wohl die, dass der Mensch, wenn er aufrecht steht, die Horizontlinie zwischen Himmel und Erde genau an der Stelle wahrnimmt, wie wir sie auch aus dem Goldenen Schnitt kennen.

Stimmige Proportionen Neben dem Raumempfinden hat der Mensch ein instinktives Gefühl dafür, welche Proportionen und Maße stimmig sind. Beim Konstruieren und Bauen von Häusern, Gartenanlagen und Möbeln hat er über Tausende von Jahren vor allem eine Maßeinheit verwendet: seine Unterarmlänge vom Ellenbogengelenk bis zur Fingerspitze. Bevor der Mensch in den letzten Jahrhunderten einen enormen Wachstumsschub erlebte, betrug diese Längeneinheit etwa 43 Zentimeter. Ist also etwas mit der Maßeinheit von 43 Zentimetern gebaut, stellt sich beim Menschen ein positives, vertrautes Empfinden ein – sein Instinkt sagt: »So ist es gut!« Erstaunlicherweise entspricht diese Maßeinheit fast exakt dem 6-fachen der so genannten Kosmischen Länge (7, 23 cm), mit der u.a. die ägyptischen Pyramiden erbaut wurden.
Feng-Shui-Lineal Die archaische Maßeinheit kann man hervorragend nutzen, um Stabilität und Geborgenheit in das Lebensgefühl zu bringen. Im Feng Shui wird daher ein Lineal verwendet, das auf der idealen Länge von 43 Zentimetern basiert, dabei aber noch in acht Abschnitte aufgeteilt ist. Diese Abschnitte sind wiederum den Aspekten Yin und Yang zugeordnet, wobei Yin für eine abziehende, Yang für eine aufbauende Energie steht. Es ist also von Vorteil, die Maßeinheiten der Yang-Qualität zu nutzen, um die eigene Energie zu stärken.

Das eigene Maß finden

Feng-Shui-Maße Die vom Feng Shui vorgegebenen Maße lassen sich gut bei der Gestaltung von Visitenkarten, Firmenlogos, Speisekarten oder Hinweisschildern verwenden. Etwas problematischer ist es dagegen bei Möbeln, weil diese natürlich auch den Körperproportionen des modernen Menschen, der viel größer ist als die Menschen im Mittelalter, entsprechen müssen. Experimentieren Sie deshalb am besten so lange, bis Sie eine Proportion gefunden haben, die sowohl Ihren Körpermaßen als auch den Feng-Shui-Maßen gerecht wird.

Die Zeitqualität nutzen

Schon der Prediger Salomo wusste zu biblischen Zeiten, dass Zeit nicht gleich Zeit ist. Aber vielen Menschen ist heute das Gespür für den »richtigen« Moment fast völlig abhanden gekommen, was den beruflichen wie privaten Erfolg erheblich erschweren und beeinträchtigen kann. Umgekehrt kann man sich die unterschiedlichen Zeitqualitäten für seine Ziele sehr gut zunutze machen.
Die Tageszeiten Der Morgen gilt als Yang-Zeit. Sie eignet sich ausgezeichnet für Aktivitäten, um zu handeln und neue Projekte in Gang zu setzen. Der Nachmittag ist die Yin-Zeit, die man vor allem für Überprüfungen, Planungsgespräche und Organisatorisches nutzen sollte.
Die Mondrhythmen Die Tage vor Vollmond sind hervorragend für Events, Verkaufsaktionen und Präsentationen geeignet. An Vollmondtagen sollte man dagegen mit großen Entscheidungen zurückhaltend sein, denn die Vollmondenergie kann leicht »kirre« machen. Deshalb geschehen an diesem Tag auch immer auffällig viele Unfälle, und auf den meisten Polizeirevieren herrscht Hochbetrieb.
Die Tage nach Vollmond eignen sich gut für Seminare und Personalschulung, denn dann sind die Menschen mehr bei sich und weniger nach außen gerichtet als an den Tagen mit zunehmendem Mond.
Die Jahreszeiten Der Frühling ist eine sehr gute Zeit, um neue Produkte und Modelle zu präsentieren. Auch Umzüge und Geschäftseröffnungen sollte man nach Möglichkeit immer für das Frühjahr planen, denn dann ist die allgemeine Aufbruchsstimmung in der Natur und unter den Menschen am förderlichsten, Neues zu etablieren und Akzeptanz zu gewinnen.
Der Sommer dagegen ist gut geeignet, um neue Ideen zu sammeln und Kraft zu tanken. Im Herbst sollte man die Ernte einholen und die Finanzen ordnen.
Die Winterzeit nutzt man am besten für innerbetriebliche Maßnahmen.

Grundriss im Feng-Shui-Maß

Sind Sie gerade dabei, ein Haus zu bauen, sollten Sie sich je nach finanziellen Möglichkeiten von den Standardnormen der Bauindustrie lösen und bei Fenstern, Türen und Wänden die Feng-Shui-Maße einplanen. Man mag es für Aberglauben halten, aber im Feng Shui gelten besonders die Maße des 1. und 5. Längenabschnitts als besonders förderlich (siehe nebenstehendes Feng-Shui-Lineal).

Lineal nach Feng Shui

Im Feng Shui wird ein Lineal verwendet, das auf dem Idealmaß von ca. 43 Zentimetern basiert (das abgebildete Lineal ist nicht maßstabsgetreu!).

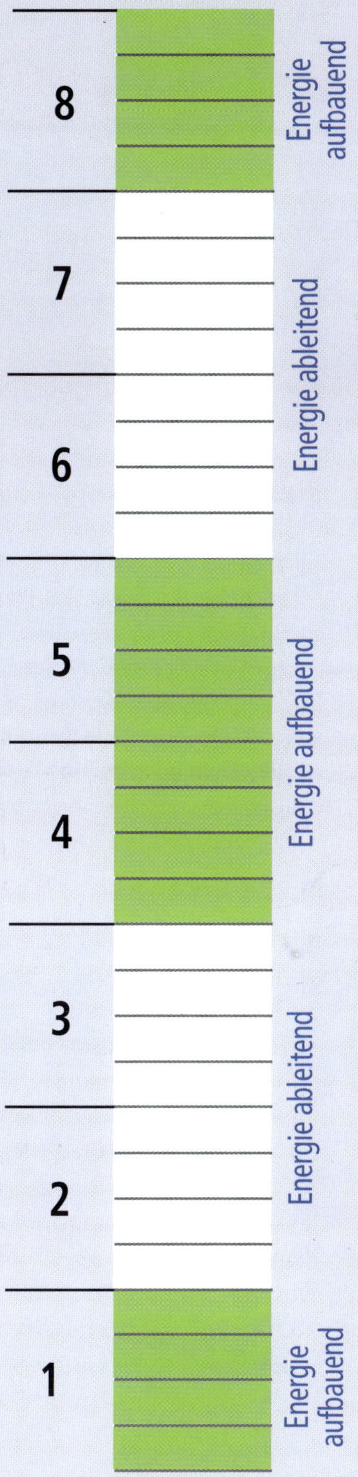

Maße für den Erfolg

Die als förderlich geltenden Feng-Shui-Maßeinheiten in der nebenstehenden Tabelle lassen sich beliebig fortführen.

Reichtumsmaße	Erfolgsmaße
0 bis 5,375 cm	21,5 bis 26,875 cm
43,0 bis 48,375 cm	64,5 bis 69,875 cm
86,0 bis 91,375 cm	107,5 bis 112,875 cm
129,0 bis 134,375 cm	150,5 bis 155,875 cm

Wichtig für die Planung

Auch die Feng-Shui-gerechten Abmessungen von Türen und Fenstern, Hauswänden, Zufahrtswegen und Grundstücksgrenzen sind wichtig, ebenso die Maße von Fensterläden, Balkons, Garagen und Gartenzäunen.

Die Himmelsrichtungen spüren

Was schon die alten Feng-Shui-Meister wussten, ist keine Glaubenssache, sondern eine Erfahrung, die jeder an sich spüren und nachvollziehen kann.

Nirgendwo lässt sich das Chi so intensiv erspüren wie in der freien Natur.

Die Erde fühlen
Stellen Sie sich barfuß in die Mitte eines großes Raumes oder noch besser auf eine freie Rasenfläche. Lockern Sie Ihre Muskulatur, und spüren Sie zunächst nur den Kontakt Ihrer Fußsohlen mit dem Boden und strecken Sie dann Ihre Arme so weit Sie können in den Himmel, bleiben Sie aber mit der ganzen Fußsohle fest auf dem Boden.

Den Himmel spüren
Wenn Sie festen Kontakt mit der Erde haben, senken Sie die Arme und nehmen Sie eine Haltung ein, als ob Sie ein Baby in Empfang nehmen würden. Mit dieser Haltung wenden Sie sich nun dem Norden zu. Öffnen Sie sich innerlich, und spüren Sie aufmerksam in sich hinein. Dann gehen Sie drei Schritte auf diese Energie des Nordens zu – verharren einen Moment und treten wieder zurück auf Ihren Ausgangspunkt. Auf die gleiche Weise können Sie nacheinander auch die übrigen Himmelsrichtungen erspüren.

Kraftfeld der Richtung

Energetische Qualitäten Sie wissen, wie wohltuend das ist: Morgens nach dem Aufstehen das Fenster des Schlafzimmers öffnen und die frische Morgenluft einlassen. Wie schön, wenn sich dieses Fenster auch noch nach Osten hin öffnet und die Strahlen der aufgehenden Sonne einfängt, denn dann werden Sie sich bald munter und energiegeladen fühlen. Dieses Gefühl wäre etwas weniger stark, wenn Ihr Schlafzimmer beispielsweise nach Nordwesten oder Süden ausgerichtet wäre.
Altes Wissen Fast alle alten Kulturen haben sich bei der Ausrichtung ihrer Gebäude und Kultstätten nach den Himmelsrichtungen orientiert. Dahinter verbirgt sich ein tiefes Wissen und ein differenziertes Empfinden für die unterschiedlichen Qualitäten der einzelnen Himmelsrichtungen. Feng Shui hat systematisch die spezielle energetische Qualität erforscht, die sich mit den einzelnen Himmelsrichtungen verbindet, und Erfahrungen gesammelt, wie sich die energetischen Qualitäten für das eigene Anliegen am besten nutzen lassen. Dabei gilt generell, dass für die Ausrichtung eines Gebäudes in erster Linie die Eingangstür maßgeblich ist, im Innenbereich eines Gebäudes der geometrische Mittelpunkt des Hauses.

Die Qualität des Nordens

Mit dem Norden verbinden wir das Kühle, Klare und Weite – den endlosen blauen Himmel, Schnee und Eis. Der Norden bietet nicht die bunte Üppigkeit und lebensfrohe Abwechslung des Südens, sondern Weniges, aber Wesentliches und karge, herbe Landschaften, die durch Wind und Wetter gehärtet sind.
Nach Norden schauen Der Norden beruhigt den Geist und aktiviert die Qualitäten Ausdauer, Geduld und Willenskraft.
Aber vom Norden her scheint nicht die Sonne. Sie ist weder da, noch ist sie weg. Das gleichmäßige Licht des Nordens lenkt nicht ab und hat nachts zuweilen einen magischen Schimmer.

Was passt zum Norden?

Das Design des Nordens Es ist einfach und praktisch. Im Norden gelegene Zimmer sollte man bewusst sachlich, weiträumig und klar möblieren, denn auf diese Weise integriert man die Qualitäten des Nordens in seine Räumlichkeiten und damit auch in sein alltägliches Leben.
Farben Bei der Gestaltung sollten Sie außerdem unbedingt auf farbenfrohe Accessoires achten, etwa eine bunte Vase, ein farbenkräftiges Bild, eine Schale mit frischem Obst oder eine interessante Wandbeleuchtung.
Denn die Weite und Einfachheit der Landschaft des Nordens hat zwar etwas Kräftiges und Übersichtliches an sich, kann aber schnell auch öde oder sogar bedrückend wirken, wenn starke Farben und einige auflockernde Akzente fehlen.

Der Außenbereich

Abstellplatz Manche Häuser haben im Norden gar keine Fenster, weil ihre Bewohner den scharfen Wind fürchten.
In der Architektur ist die Nordseite oft die »tote« Seite. Nordseiten eignen sich im Außenbereich gut für Parkplätze, Garagen, Kompostgestelle oder Lagerstätten.

Der Innenbereich

Ruhe und Konzentration Im Innenbereich unterstützt die Qualität des Nordens sehr gut Planungs- und Entwicklungsbüros, Werkstätten und alle Tätigkeiten, die Sorgfalt, Ausgewogenheit und Ruhe benötigen. Insofern kann die Nordenergie auch im psychiatrischen Bereich sehr ausgleichend wirken. Die Ausrichtung auf die Qualität des Nordens ist auch günstig für Lehrtätigkeiten, bei denen es um systematische oder analytische Inhalte geht.
Naturwissenschaftliche Fächer wie Physik, Mathematik und der Informatikunterricht sind deshalb gut im Nordkomplex einer Schule oder Universität angesiedelt, da den Schülern und Studenten die Konzentration dann wesentlich leichter fällt.

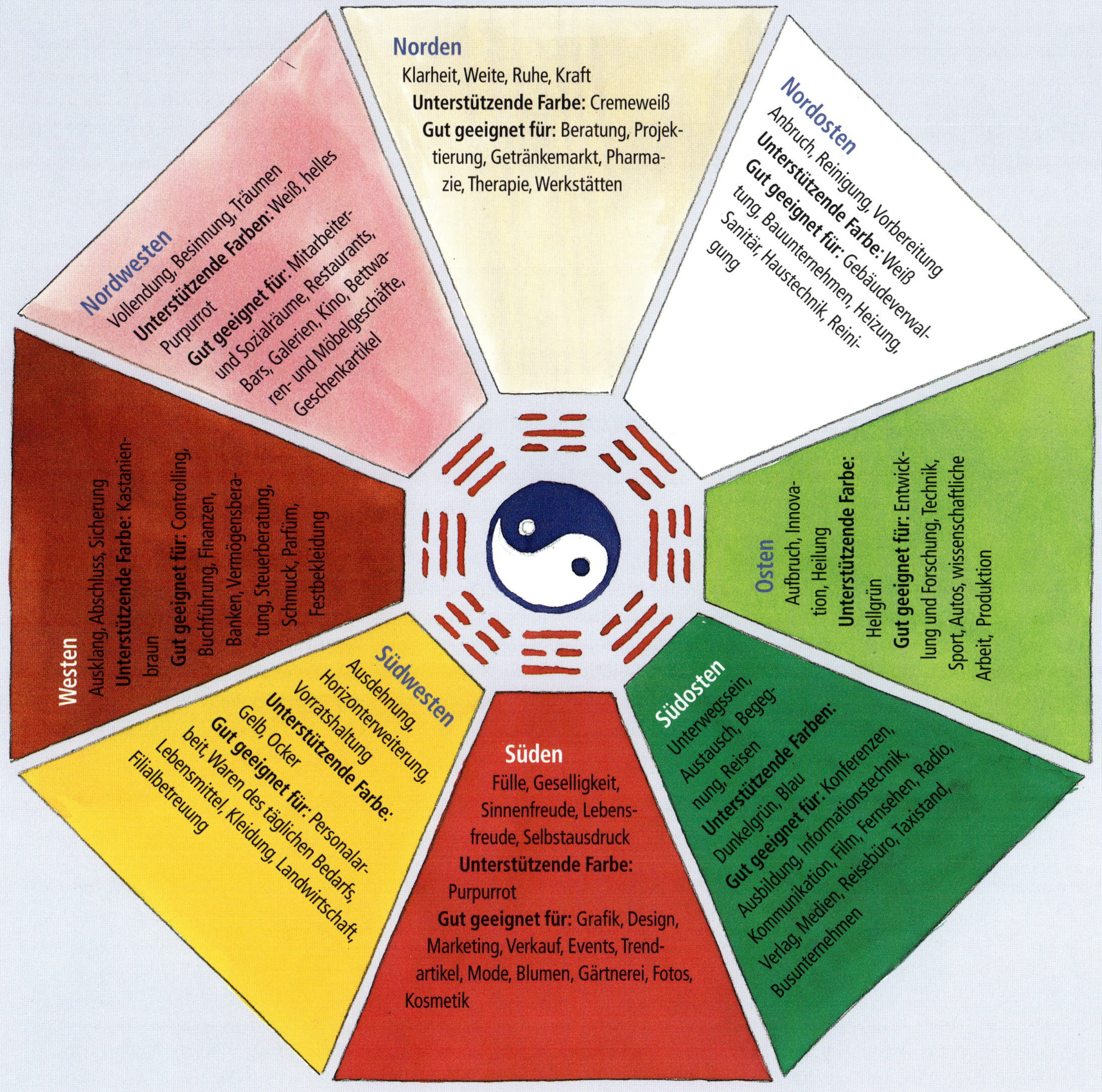
Norden
Klarheit, Weite, Ruhe, Kraft
Unterstützende Farbe: Cremeweiß
Gut geeignet für: Beratung, Projektierung, Getränkemarkt, Pharmazie, Therapie, Werkstätten
Nordosten
Anbruch, Reinigung, Vorbereitung
Unterstützende Farbe: Weiß
Gut geeignet für: Gebäudeverwaltung, Bauunternehmen, Heizung, Sanitär, Haustechnik, Reinigung
Osten
Aufbruch, Innovation, Heilung
Unterstützende Farbe: Hellgrün
Gut geeignet für: Entwicklung und Forschung, Technik, Sport, Autos, wissenschaftliche Arbeit, Produktion
Südosten
Unterwegssein, Austausch, Begegnung, Reisen
Unterstützende Farben: Dunkelgrün, Blau
Gut geeignet für: Konferenzen, Ausbildung, Informationstechnik, Kommunikation, Film, Fernsehen, Radio, Verlag, Medien, Reisebüro, Taxistand, Busunternehmen
Süden
Fülle, Geselligkeit, Sinnenfreude, Lebensfreude, Selbstausdruck
Unterstützende Farbe: Purpurrot
Gut geeignet für: Grafik, Design, Marketing, Verkauf, Events, Trendartikel, Mode, Blumen, Gärtnerei, Fotos, Kosmetik
Südwesten
Ausdehnung, Horizonterweiterung, Vorratshaltung
Unterstützende Farbe: Gelb, Ocker
Gut geeignet für: Personalarbeit, Waren des täglichen Bedarfs, Lebensmittel, Kleidung, Landwirtschaft, Filialbetreuung
Westen
Ausklang, Abschluss, Sicherung
Unterstützende Farbe: Kastanienbraun
Gut geeignet für: Controlling, Buchführung, Finanzen, Banken, Vermögensberatung, Steuerberatung, Schmuck, Parfüm, Festbekleidung
Nordwesten
Vollendung, Besinnung, Träumen
Unterstützende Farben: Weiß, helles Purpurrot
Gut geeignet für: Mitarbeiter- und Sozialräume, Restaurants, Bars, Galerien, Kino, Bettwaren- und Möbelgeschäfte, Geschenkartikel

Die Qualität des Südens

Fülle und sinnlicher Genuss Dem Norden gegenüber liegt der Süden, und er ist energetisch gesehen tatsächlich fast das Gegenteil. Er steht für Sonne, Überfluss und Leichtigkeit, üppige Formen und lichtdurchflutete Räume, kurz – der Süden bereitet den Sinnen ein Fest.
Wohin man auch schaut: Farben, Früchte und Geselligkeit. Die physische Energie ist auf ihrem Zenit, deshalb ist Purpurrot auch die Farbe des Südens.
Im Feng Shui gilt der Süden als die Qualität, die den persönlichen Ausdruck anregt, unterstützt und zur Blüte bringt.
Im Süden sollten die Räume und Tätigkeiten platziert werden, die etwas mit Kreativität, Sinnenfreude und Geselligkeit zu tun haben. Dies könnte das Klavier, ein Esszimmer, das Kundenforum oder der Showroom sein. Bei Präsentationen und Events sollte man darauf achten, dass die Qualität des Südens verstärkt zum Tragen kommt, denn dann läuft die Kommunikation fast wie von selbst.

Was passt zum Süden?

Das Design des Südens Designelemente des Südens sind üppige Pflanzen, drapierte Vorhänge, offene Regale, Kronleuchter, Kerzenarrangements, Bodenvasen, große Fenster, Girlanden, Glastüren, Steinfußböden (Marmor, Keramik, Terrakotta), Veranden, Balkone und Skulpturen, die Großzügigkeit und Fülle ausstrahlen.
Wichtig ist, dass das Element Hitze/Wärme nicht überbetont wird und für Ausgleich gesorgt wird, etwa mit Jalousien, Sonnenschirmen, Windfächern, Klimaanlagen, Wandelhallen, Fluren, Zimmerbrunnen, Glastischen oder großen freien Flächen, die etwas von der Energie des Nordens transportieren. Zu viel Süden führt zur Trägheit und Gleichgültigkeit. Kinder- und Arbeitszimmer sollten daher nicht direkt im Süden liegen, wohl aber Pausenhallen, Foyers und Spielplätze, denn hier blüht das Leben.

Die Qualität des Ostens

Aufbruchstimmung Im Osten geht die Sonne auf, ein neuer Tag beginnt, die Formen nehmen Konturen an. Der Osten ist die Qualität des Aufbruchs, frische Energie durchpulst das Leben, Tatendrang macht sich breit. Günstig für den, dessen Hausfront oder Eingangstür nach Osten zeigen, denn Lebenskraft, Vitalität und Unternehmungsgeist halten hier Einzug. Der Osten beinhaltet auch Heilung, Aufbruch und Weisheit. Außerdem geht im Osten der Mond auf, der seit jeher das Symbol für Ruhe und »in den Himmel schauen« ist, so dass der Osten auch für Religiosität und die Suche nach dem steht, was über das vertraute Leben hinausgeht.

Was passt zum Osten?

Er ist gut für Aktivitäten, die mit Expansion, neuen Ideen oder der Einführung neuer Produkte zu tun haben. Mitarbeiter, die für die innovative Kraft eines Unternehmens zuständig sind, sollten ihren Arbeitsplatz im Osten haben, oder die Räume sollten zumindest Designelemente der östlichen Qualität enthalten, um die Kreativität zu fördern.
Das Design des Ostens Im Design des Ostens dominiert das Bewegliche, Vertikale. Günstig ist es, wenn Räume und Fenster hoch und die Tapetenmuster senkrecht ausgerichtet sind, denn diese symbolisieren Aufbruch und Nach-oben-Streben. Fußboden und Möbel sind idealerweise in milden, weißlichen Tönen gehalten (Morgentau), hellgrüne oder blaue Wände reflektieren die Stimmung des Neuanfangs (Hellgrün = frisches Gras) und neuer Ideen (Blau = Unendlichkeit des Geistes).
Die Möbel sind leicht und beweglich, und moderne abstrakte Skulpturen und Gemälde regen Assoziationsvermögen und Sinnsuche an. Da außerdem das Ausbrechen aus vertrauten Gedanken, Konzepten und Handlungsmustern zum Osten gehört, ist hier eine Portion Verrücktheit auch im Design völlig richtig am Platz.

Die Qualität des Westens

Ausruhen und genießen Im Westen geht die Sonne unter. Der Tag neigt sich dem Ende zu. Zeit also, um die Früchte der Arbeit zu genießen und die Eindrücke des Tages ausklingen zu lassen. Jetzt darf es ruhig gemütlich und warm sein, denn man kommt zur Ruhe und zieht sich ins Private und Familiäre zurück.

Was passt zum Westen?

Die Ausrichtung nach Westen ist für Unternehmen günstig, die hochwertige Produkte mit persönlichem Ambiente verkaufen wie zum Beispiel Gourmetrestaurants, Stilmöbelgalerien, Juweliere, teure Boutiquen, Parfumerien, Kunstgalerien und Ausstattungsgeschäfte. Im Westen möchte es sich der Mensch schön machen und ist auch bereit, dafür mehr Geld auszugeben, denn hier belohnt er sich für seine Arbeit, sein Lebenswerk. In Kaufhäusern sollte man im Westen werthaltige persönliche Artikel anbieten und auch das Restaurant im Westen platzieren.
Junge Mode, Technik, Kinderspielzeug und Trendartikel lassen sich hingegen nur schwer im Westen verkaufen.
Stabilität und Ruhe Im Westen eines Gebäudes sammeln sich die beharrlichen Kräfte. Dies ist für die Finanzverwaltung eines Unternehmens förderlich, für den Sitz der Geschäftsführung dagegen kann es abträglich sein. Auch Ruheräume für die Mitarbeiter sind im Westen eines Gebäudes optimal angeordnet, ebenso Warte- und Aufenthaltsräume, denn im Westen kommt man gern und leicht zur Ruhe.
Das Design des Westens Es ist geprägt durch Werte und Eleganz, die Atmosphäre ist leicht gedämpft und strahlt Ruhe und Gediegenheit aus – Kastanienbraun und Kirschrot sind hier die dominierenden Farbtöne. Tischdecken, Gardinen, Teppiche, Trophäen, Wandteller, Bücherschränke und Stehlampen eignen sich gut, die Qualität des Westens einzuladen und im Raum zu etablieren.

Klarheit und Konzentration
Der Norden ist die Himmelsrichtung für Geduld, Disziplin, Einfachheit und Klarheit. Die Qualität des Nordens ist günstig für Arbeitszimmer, Sachbearbeitung und Werkstätten.

Leichtigkeit und Lebensfreude
Der Süden ist die Himmelsrichtung, in der Fülle, Sinnlichkeit und eigener Selbstausdruck zum Tragen kommen. Idealerweise liegen in dieser Himmelsrichtung Esszimmer, Musikzimmer, Showrooms, Foyers und Pausenhallen.

Vitalität und Unternehmensgeist
Der Osten ist die Himmelsrichtung für Aufbruch und Innovation, für Neuorientierung und Kreativität, aber auch für alle Heilungsprozesse und für die Weisheit.

Ruhe und Gemütlichkeit
Der Westen ist die Himmelsrichtung für das verdiente Ausruhen und Genießen. Er ist z. B. geeignet für Wohnzimmer, Warteräume oder auch Gourmetrestaurants.

Energieverteilung mit dem Bagua
Die Bagua-Karte für die Energieverteilung lässt sich auf jede räumliche Einheit anwenden – vom Garten über das Hochhaus bis zum Schreibtisch.

Auch für einen Garten lässt sich das Prinzip des Bagua anwenden.

Bagua-Raster für Räume
Für die Einteilung eines Raumes in die neun Bagua-Bereiche gelten die gleichen Grundregeln wie bei der Analyse eines Gebäudes, denn jeder Raum hat seine eigene Bagua-Landschaft – unabhängig davon, in welchem Bereich des Gebäudes sich dieser Raum befindet.

Die Analyse eines Raumes
Gehen Sie bei der Analyse eines Raumes so vor, dass Sie sich in die Tür stellen und in das Zimmer blicken. Welche der neun Zonen des Bagua sind präsent, und welche fehlen?
Wie zeigen sich die einzelnen Bereiche im Design, in der Anordnung, in den Farben, Symbolen oder Bildern?
Sind die einzelnen Bagua-Bereiche übersichtlich strukturiert, oder aber herrscht dort Unordnung und Chaos?
Sind die Bereiche liebevoll gestaltet oder kahl und unbewohnt? Am besten zeichnen Sie sich für die Analyse einen Grundriss des Raumes und legen das Bagua-Raster darauf (siehe Seite 27).

Das Bagua nutzen

Die neun Energiefelder In der Lehre des Feng Shui hat man anhand von jahrhundertelangen Beobachtungen das Bagua entwickelt, eine Karte mit neun Feldern, die hilft, die Dinge und Aktivitäten in einem Raum oder in einem Gebäude nach energetischen Gesichtspunkten zu analysieren und gegebenenfalls harmonisch zu verändern.
Die Bagua-Karte Bei der Bagua-Karte ist es zunächst nebensächlich, in welcher Himmelsrichtung sich der Eingang eines Hauses oder Raumes befindet, denn man geht davon aus, dass der Mensch quasi eine »archetypische« Erwartung hat, wie ein Raum oder ein Gebäude aufgeteilt sein sollte. Im modernen Feng Shui hat man die einzelnen Baguas, die jeweils eine bestimmte Energie vertreten, der Situation der heutigen Zivilisation angepasst.
Das Gedächtnis der Natur Die oft frappierende Wirkung des Bagua-Systems liegt vermutlich einerseits an der archaischen Erwartung des Menschen, der über Jahrtausende mit einer solchen »natürlichen« Ordnung das Innere seiner Zelte und Hütten gestaltet hat, und andererseits an dem, was Wissenschaftler als das »Gedächtnis der Natur« bezeichnen. Es hat sich also ein »Schwingungsmuster« gebildet, nach dem ein Gebäude genutzt werden sollte.

Sind alle Bagua-Bereiche vorhanden?

Die Analyse Ein Gebäude hat natürlich nur selten genau neun Räume und ist quadratisch so angelegt, dass man die Räume exakt entsprechend der Bagua-Karte klassifizieren könnte.
Aber darum geht es zunächst auch gar nicht, denn im Feng Shui wird jedes Gebäude zuerst daraufhin betrachtet, ob alle der neun Bagua-Zonen überhaupt vertreten sind und wie sie gestaltet sind. Ist alles »in Ordnung«, dann entsteht bei den Menschen, die in diesem Gebäude oder in diesen Räumen leben, ein Gefühl von Vertrautheit und Vollständigkeit.

Die Bagua-Karte für Gebäude

Was liegt wo? Um herauszufinden, wo sich in Ihrer Wohnung oder in Ihrem Haus die einzelnen Bagua-Bereiche befinden, nehmen Sie zunächst einen maßstabsgerechten Plan Ihres Hauses zur Hand, zu dem auch Wintergarten, Balkon und Garage zählen, sofern diese fest mit dem Gebäude verbunden sind.
Das Zentrum Zur Festlegung der Bagua-Zonen legen Sie das Zentrum der Bagua-Karte auf das geometrische Zentrum des Grundrissplans und platzieren dabei die Seite Wissen/Karriere/Freunde dorthin, wo sich der Hauseingang befindet. Wichtig ist natürlich, dass die Größe der Bagua-Karte dem Grundriss des Hauses entspricht.
Unregelmäßige Formen Hat das Gebäude eine T-, L- oder U-Form, ist es oft nicht einfach, das Zentrum zu ermitteln. In diesem Fall fertigen Sie am besten eine Form aus Pappe an und jonglieren damit so lange auf einem Finger, bis Sie das gewichtsmäßige Zentrum gefunden haben.

Ungünstige Bagua-Bereiche ausgleichen

Äußere und innere Veränderungen Stellt sich nun beispielsweise heraus, dass sich das WC genau in der Partnerschaftszone befindet, dann heißt es kreativ werden: Hängen Sie zum Beispiel zwei Handtücher auf, wählen Sie eine dezente, aber sinnliche Duftnote für Seifen aus, und platzieren Sie auf der Fensterbank zwei kleine Teelichter oder eine Schale mit weißem Sand und Muscheln. Sie werden staunen, wie wenige Mittel Sie einsetzen müssen, um auch problematische Räume mit der Qualität der entsprechenden Zone energetisch »in Ordnung« zu bringen.
Das Erstaunliche beim Ausgleichen von Fehlbereichen ist, dass sich dadurch nicht nur die Raumatmosphäre verändert, sondern auch das Leben seiner Bewohner im Hinblick auf den angesprochenen Bagua-Lebensbereich.

Wichtiges Hilfsmittel: Das Bagua Um die einzelnen Bagua-Bereiche zu bestimmen, legen Sie ein transparentes Bagua-Schema so auf den Grundriss, dass die Linie »Wissen – Karriere« – »Hilfreiche Freunde« auf der Linie der Eingangstür liegt. Gibt es mehrere Zugänge, gilt die Tür, die Sie am häufigsten benutzen.

Bagua-Karte für einen Raum

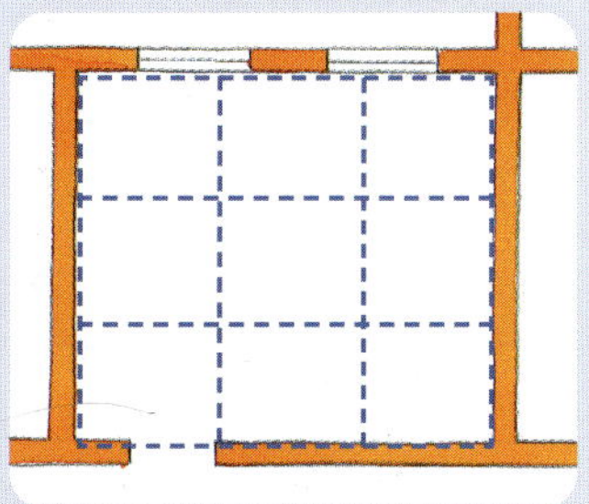

Reichtum, Wohlstand Der Bereich steht für den geschickten Umgang mit Geld und die Gabe, inneren Reichtum zu nutzen. Er lässt sich mit Wasser und großen Pflanzen aktivieren.

Familie Der Bereich repräsentiert die Familie, die Eltern, Ahnen und Lehrer. Hier sind ein gemütlicher Essplatz und Familienfotos passend.

Wissen Steht für Informationsaufnahme und Wahrnehmen der inneren Stimme. Ideal ist eine ruhige Gestaltung mit Sessel und Bücherregal.

Ruhm, Anerkennung Steht für Ausstrahlung, Selbstbewusstsein und »Gesehen-werden«. Rot blühende Pflanzen und Licht wirken fördernd.

Tai Chi Die Mitte steht für Vitalität und zentrierte Energie. Das Zentrum sollte möglichst frei bleiben oder sparsam akzentuiert werden.

Karriere Dieser Bereich repräsentiert die berufliche und persönliche Entwicklung. Hier können Sie beispielsweise einen Zimmerspringbrunnen aufstellen, ein Symbol dafür, dass Ihr Leben im Fluss bleibt.

Partnerschaft Der Bereich steht für die Beziehung zum Partner, zu Freunden und Nachbarn und lässt sich beispielsweise mit einem gemütlichen Sofa fördern.

Kreativität, Kinder Hier geht es um Inspiration. Eine lebendige Gestaltung, etwa mit Mobiles oder Musikinstrumenten, unterstützt die Energie.

Hilfreiche Freunde Dieser Bereich steht für Austausch, für Geben und Nehmen, und lässt sich beispielsweise mit Fotos optimal fördern.

Anwendung der Bagua-Karte

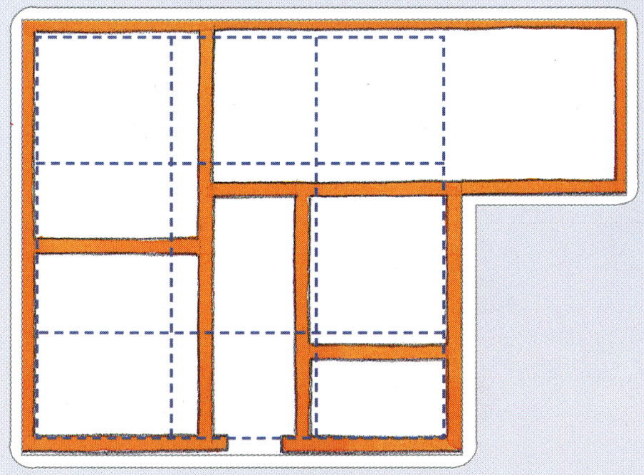

Haus mit Erweiterung

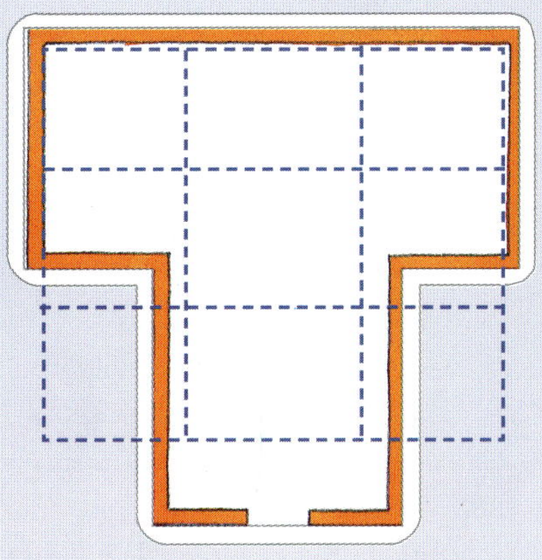

Haus in T-Form

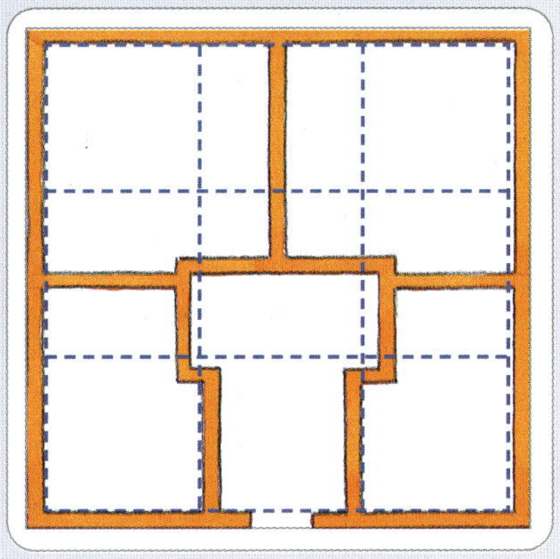

Regelmäßiges Gebäude

Fehlbereiche im Bagua ausgleichen

Energetischer Mangel

Besonderes Augenmerk bei der Bewertung der einzelnen Bagua-Zonen eines Raumes oder Gebäudes legt man im Feng Shui auf solche Bereiche, die entsprechend der Bagua-Karte nur unvollständig oder gar nicht vorhanden sind. Von einem solchen Fehlbereich spricht man, wenn mehr als 50 Prozent einer Bagua-Zone unausgefüllt sind oder wenn ein Bagua-Bereich sogar vollständig fehlt.

Energetischer Ausgleich

Eckzonen Vor allem in den Eckzonen eines Gebäudes, aber auch in unregelmäßig geschnittenen Wohnungen zeigen sich oft Fehlbereiche im Sinne der Bagua-Karte. Sie können sich nachteilig auf das Leben und Arbeiten der Menschen in diesem Haus oder dieser Wohnung auswirken, da solche Fehlbereiche energetisch unterversorgt sind. Fehlende Energie kann aber gezielt mit Feng-Shui-Maßnahmen kompensiert werden, wozu sich drei Möglichkeiten anbieten, die jederzeit auch miteinander kombiniert werden können.

Den Außenbereich stärken

Chi sammeln Bietet sich im Außenbereich die Möglichkeit, kann man im Schnittpunkt der Bagua-Ecke ein Chi sammelndes und abstrahlendes Objekt installieren. Dies kann ein Klangspiel sein, ein Busch oder ein Baum. Gut geeignet sind auch Kübelpflanzen oder Laternen. Betrifft der Fehlbereich die Partnerschaftszone, eignet sich dort besonders ein Rosenstrauch, eine gemütliche Bank oder eine Doppelleuchte.

Den Innenbereich stärken

Das Chi fördern Ist es nicht möglich, die Fehlzone im Außenbereich zu aktivieren, kann man dies auch im Innenbereich tun. Befindet sich dort eine fensterlose Außenwand, können Sie den Raum durch einen großzügigen Spiegel optisch erweitern und in diesem Bereich die der fehlenden Bagua-Zone entsprechenden Symbole platzieren. Handelt es sich dabei etwa um die Reichtumszone, dann kann man dort gut eine Münzsammlung aufbewahren, einen schönen Teppich auslegen oder auch eine wertvolle Bodenvase aufstellen.

Andere Räume stärken

Chi aktivieren Eine Fehlzone können Sie auch durch Stärkung dieser Zone in einem anderen Raum aktivieren, denn jeder Raum hat ja auch seine eigene Bagua-Landschaft. Fehlt zum Beispiel in einem Gebäudegrundriss die Zone »Wissen«, dann können Sie in einem anderen Raum eine schön gestaltetete »Wissensecke« einrichten und damit die eigentliche Fehlzone ausgleichen. Gut geeignet sind hierfür beispielsweise ein wertvoller Bücherschrank oder die Büste eines bedeutenden Wissenschaftlers.

Was tun bei Erweiterungen?

Stärke oder Schwäche? Auch Anbauten eines Gebäudes sind oft problematisch für die innere Ordnung eines Hauses. Relativ kleine Erweiterungen können eine hilfreiche Verstärkung des betreffenden Bagua-Bereichs darstellen, größere Erweiterungen können das Haus jedoch aus dem energetischen Gleichgewicht bringen – und das sollte dann ebenfalls mit entsprechenden Maßnahmen kompensiert werden.

Größere Erweiterungen ausgleichen

Eine Erweiterung kann auch ein Wintergarten sein.

Auch »übergewichtige«, stark erweiterte Bagua-Zonen können Sie wie Fehlbereiche mit Hilfe von einfachen Hilfsmitteln ausgleichen.

Ausgleich im Privatbereich
Wählen Sie gedämpfte Farben für Tapeten, Fußbodenbeläge und Möbel. Verzichten Sie auch bei Wandbildern, Blumenschmuck oder anderen Wohn-Accessoires auf kräftige Farben, und tauschen Sie bei sehr hellem Licht die Glühbirne durch eine schwächere aus. In einer überwertigen Bagua-Zone sollten sich auch keine auffälligen Blickfänger wie etwa eine Skulptur befinden, die noch mehr Aufmerksamkeit und damit noch mehr Energie auf sich lenken würden. Im Außenbereich können Sie ein Zuviel der Zone reduzieren, indem Sie niedrige Pflanzen in den Bereich setzen, also Polster- oder Kriechgewächse wie etwa Heidekraut.

Ausgleich im Geschäftsbereich
In Verkaufsräumen sollten Sie bei überwertigen Zonen an den entsprechenden Außenwänden vorwiegend Standardartikel präsentieren. Holen Sie die »Highlights« und Modeartikel mehr in den Raum hinein, und platzieren Sie sie dort.

Hilfsmittel für den Ausgleich von Fehlbereichen

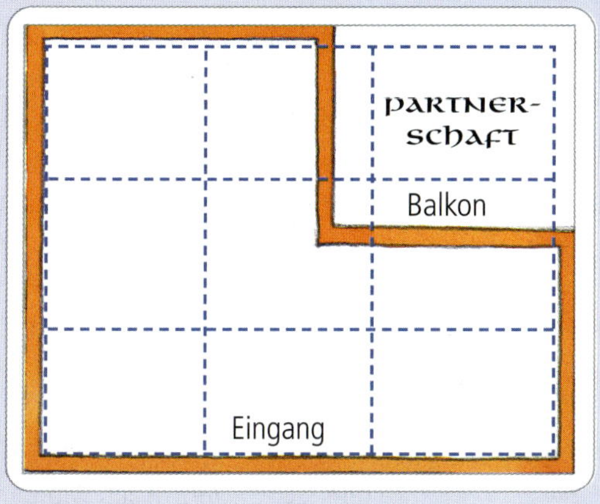

Zimmer in L-Form
Bei diesem Zimmer in L-Form fehlt der Bagua-Bereich »Partnerschaft« völlig. Das kann zur Folge haben, dass es mit dem Partner nicht so richtig klappt oder aber dass man den richtigen Partner nicht findet. Es mangelt an Raum und Energie.

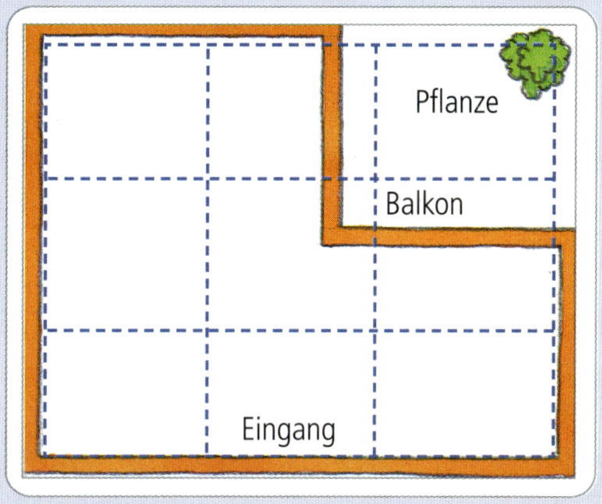

Ausgleich für Zimmer in L-Form
Um die fehlende Zone auszugleichen, wurde auf dem angrenzenden Balkon eine schöne Pflanze aufgestellt; auch eine schöne Skulptur oder eine Lampe können die Energie dieses Bereichs fördern.

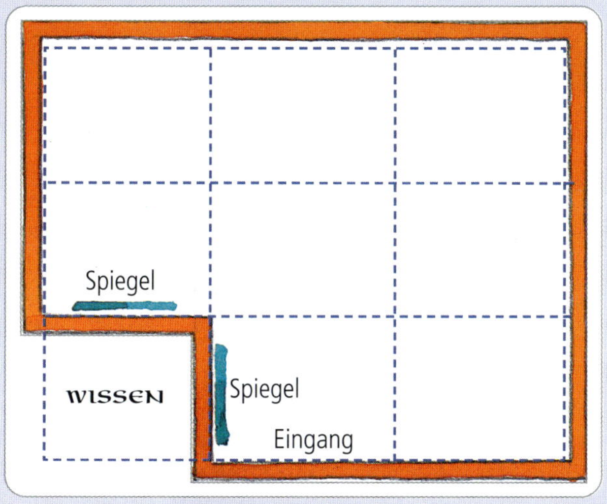

Fehlbereich »Wissen« im Raum
In diesem Raum fehlt der Bereich »Wissen«. Das kann dazu führen, dass aufgenommene Informationen nicht wirklich verarbeitet werden und der Zugang zur eigenen inneren Stimme verarmt. Spiegel können den Fehlbereich ausgleichen.

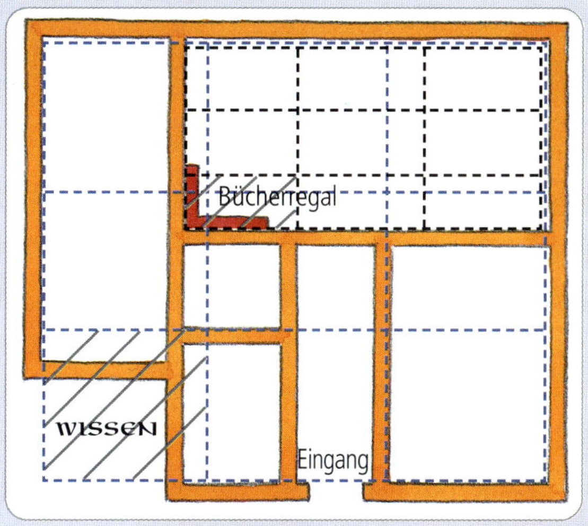

Fehlbereich »Wissen« in der Wohnung
Um das fehlende Energiefeld im Bereich Wissen in dieser Wohnung zu stärken, wurde der betreffende Wissensbereich einfach in einem anderen Raum mit Hilfe von Bücherregalen wieder ausgeglichen.

Das Tor zum Erfolg

Arbeiten mit dem Bagua

Das energetische System des Bagua ist ein ideales »Arbeitsmittel«, um sich einmal in Ruhe alle Bereiche des persönlichen und des beruflichen Lebens genauer anzuschauen. Beginnen wollen wir mit dem Bagua-Bereich »Karriere«.

Bereitet die Karriere Stress?

Was bedeutet Karriere? Ein Lexikon definiert den Begriff »Karriere« als »Abfolge der verschiedenen Stationen eines beruflichen Aufstieges«, daneben das Foto eines Menschen, der auf einen hohen Berg klettert. Nun ist es aber wahrlich nicht jedermanns Sache, sich ein ganzes Berufsleben lang auf einen steilen Berg hochzuquälen – und diese Vorstellung entspricht auch nicht dem Geist des Feng Shui.
Es geht hier vielmehr auch beim Thema »Karriere« wieder einmal um die Kunst, nicht in Stress zu verfallen und trotzdem ein Optimum an persönlicher Erfüllung und wirtschaftlichem Nutzen zu erzielen. Hierfür gibt es im Feng Shui ebenso einfache wie wirkungsvolle Hilfsmittel.

Der Eingangsbereich

Der Status quo Das Thema »Beruf und Karriere« wird im Bagua dem Eingangsbereich zugeordnet. Überprüfen Sie deshalb zunächst anhand der Bagua-Karte, ob der Eingangsbereich Ihrer Wohnung oder Ihres Unternehmens einladend und großzügig oder eher abweisend wirkt. Je nachdem, wie dieser Bereich gestaltet ist, kann man erkennen, wie viel Raum und Wertschätzung dem Kunden, dem Auftraggeber und auch dem Bruder Zufall entgegengebracht wird. Denn der Zufall begünstigt nur den, der darauf vorbereitet ist – so lautet zumindest ein Sprichwort. Und dieses Sprichwort stimmt, denn mehr, als mancher sich vielleicht eingestehen möchte, hängt eine erfolgreiche berufliche Karriere auch davon ab, dass man zur richtigen Zeit die richtigen Menschen trifft und günstige Gelegenheiten beim Schopfe packen kann.
Damit sich solche vorteilhaften Konstellationen quasi von allein entwickeln können, sollte man sie mit einigen Feng-Shui-Maßnahmen unterstützen, und dafür ist eine gut gestaltete Eingangszone das A & O.

Die Karrierezone aufwerten

Selbstbewusstsein Ein gut gestalteter Eingangsbereich hat nicht nur positive Wirkung auf die Gäste oder Kunden, sondern auch auf die Menschen, die in den Räumen wohnen und arbeiten.
Es entsteht dadurch ein Gefühl von Wert für das Gebäude, für die eigene Person und für das, was in diesem Haus geschieht. Damit manifestiert sich ein gesundes Selbstbewusstsein.
Es geht aufwärts Stufen, kleine Treppenaufgänge oder Portale können zusätzlich unterstreichen, dass es in diesem Haus »nach oben« geht. Bei Kanzleien, Unternehmensberatungen oder Schulen sollte der Eingang deshalb auch nicht ebenerdig angelegt sein: Einige kleine Schritte nach oben aktivieren das subtile Empfinden, durch den Eintritt in das Gebäude auf ein höheres persönliches Niveau zu kommen, und es stellt sich eine positive Erwartungshaltung ein. Die Aufgänge sollten dabei trittsicher und übersichtlich sein, denn wer Angst hat, ins Stolpern zu geraten, wird schnell verunsichert.

Das Chi einladen

Stimmt der Eingangsbereich, kommt das Chi von allein.

Die Gestaltung des Eingangs sollte dem Geist eines Hauses oder der Wohnung entsprechen, damit das Chi harmonisch fließen kann.

Das Chi fördern
Um das Chi zu vitalisieren und zu dynamisieren, ist im Eingangsbereich vor allem tadellose Sauberkeit wichtig. Sehr förderlich sind außerdem Türkränze, Blumenkübel, Springbrunnen, Vogeltränken, Fahnen und Girlanden sowie eine Ausbalancierung der Fünf Elemente. Auch genügend Licht und schöne Griffe an der Tür wirken einladend und fördern den Energiefluss.

Fließende Formen
Der Eingangsbereich sollte außerdem möglichst so gestaltet werden, dass geschmeidige Formen im Vordergrund stehen. Ungünstig sind dagegen Kanten, Mauervorsprünge und andere schroffe Übergänge.

Der Weg zum Haus
Der Weg zum Haus sollten immer in sanften Kurven verlaufen und nie direkt auf das Gebäude zuführen. Das Chi wird auch dadurch gefördert, dass Ankommende vor der Tür einen Regen- und Windschutz haben und die Tür am Abend einladend beleuchtet wird.

Ungünstig

Günstig

Abweisender Eingang

Diese Haustür wirkt auf einen Besucher wenig einladend. Der Eingangsbereich ist lieblos und karg und macht einen eher ungepflegten Eindruck. Der Hauseingang ist weder beleuchtet noch in irgendeiner Weise – zum Beispiel durch Pflanzen – individuell gestaltet.

Positiver Eindruck

Hier fühlt sich jeder sofort zu Hause: Der lebendig gestaltete Vorplatz wirkt großzügig und einladend. Die Lampe lässt abends niemanden im Dunkeln stehen. Weitere Pluspunkte: Namensschild und Hausnummer sind gut sichtbar und die Mülltonne steht versteckt.

Chi wird abgewehrt

Auf diesem Weg kommt man zwar zum Haus, aber auf ungünstige Weise: Der Weg ist zu schmal und mit beschädigten Betonplatten verlegt, die zu Stolperfallen werden können. Auch der ungepflegte Rasen, die verkümmerte Pflanze und der Baumstumpf ziehen Sha Chi an.

Chi wird eingeladen

Auf diesem Kiesweg gerät niemand ins Stolpern, und durch seine großzügige Breite trägt er den Chi-Fluss geradewegs ins Haus. Durch den harmonisch gestalteten Vorgarten wird außerdem jeder neue Besucher sofort das Gefühl bekommen, dass er hier willkommen ist.

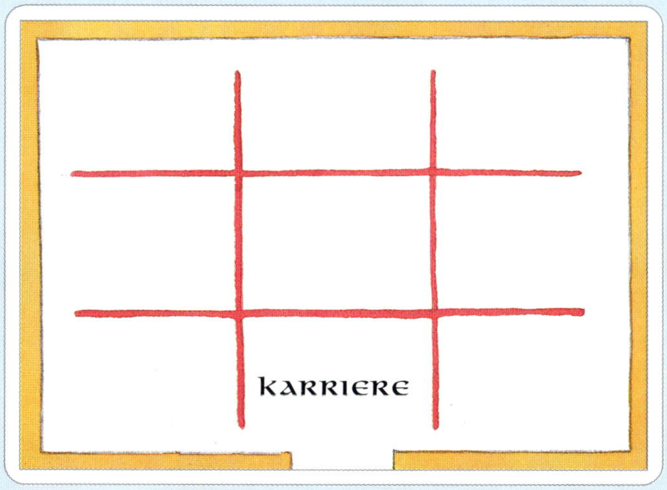

Hilfsmittel für die Karrierezone

Die Bagua-Zone »Karriere« wird auch mit dem Begriff »Lebensweg« verbunden. Die Dinge gelingen uns im Leben leichter, wenn wir im Einklang mit der Energie des »Lebensweges« sind. Klarheit und Ordnung erleichtern die persönliche Wegfindung. Den Energiefluss in der Bagua-Zone »Karriere« fördern auch Bilder mit dem Motiv eines Flusslaufs, Weges oder einem ganz persönlichen Motiv, das die Suche nach dem eigenen Weg ausdrückt.

Anerkennung und Ruhm

Anerkennung im Privatleben

Im privaten Bereich spielt persönliche Anerkennung ebenfalls eine erhebliche Rolle. Sie lässt sich nicht erzwingen, jedoch einladen und stabilisieren.

Ein Sprichwort besagt ganz richtig, dass Erfolg auch den Erfolg anzieht.

Ein guter Ruf erleichtert das Leben
Ein guter Name öffnet Türen. Das ist nicht nur im Geschäftsleben der Fall, sondern auch im Privatleben. Wer einen guten Ruf besitzt, zum Beispiel aus gutem Hause kommt, öffentlich für seine Verdienste geehrt wurde oder ein Ehrenamt bekleidet, dem öffnen sich leichter Türen und andere Menschen kommen eher auf ihn zu. Er ist wie selbstverständlich eingewoben in das gesellschaftliche Leben, nimmt an Veranstaltungen, Feiern und Unternehmungen teil. Sein Leben ist reich an Kontakten und damit auch an potenziell günstigen Konstellationen für sein Leben. Beziehungen schaden nur dem, der keine hat, so weiß es der Volksmund. Und wer Vertrauen genießt, der findet auch schneller Vertrauen für seine Anliegen und Vorhaben – die besten Voraussetzungen für ein erfolgreiches Leben. Dies alles lässt sich nicht »herbeizaubern«. Doch können Sie diesen positiven Kreislauf auch durch Maßnahmen anregen, wie Sie auf dieser Seite vorgestellt werden.

Positive Resonanz

Anerkennung als Spiegel Gegenüber der Zone von Beruf und Karriere liegt im Bagua die Zone für Anerkennung, Ruhm und Beachtung, wobei Anerkennung immer etwas ist, das von außen kommt – als die positive Resonanz auf das persönliche Wirken und als eine Bestätigung des eigenen Engagements.

Positives Image Dauerhaft erfolgreiche Unternehmen leben unter anderem von ihrem guten Ruf, ihrem attraktiven Image und einem kraftvollen Markenprofil – oder von allem zusammen. Kunden schenken den Leistungen dieser Firmen vorab ihr Vertrauen und sind sich irgendwie sicher, in ihrem Kauf nicht enttäuscht zu werden. Der Marktvorteil eines guten Rufs ist deshalb kaum zu überschätzen, so dass gleichwertige oder sogar bessere Produkte es vergleichsweise schwer haben, Kunden zu finden, wenn der gute Name fehlt oder nicht bekannt ist.

Das Gleiche gilt auch für Einzelpersonen oder Familienmenschen, denen ein guter Ruf vorauseilt – der gute Ruf ebnet diesen Menschen im Leben viele Wege.

Was fördert Ihren Ruf?

Das Chi aktivieren Die Resonanzqualität für Ruhm und Anerkennung in Ihrem Haus oder Ihrer Wohnung lässt sich mit folgenden Feng-Shui-Maßnahmen fördern.

Bringen Sie Strahlkraft ins Haus Befreien Sie Ihr Haus oder Ihre Wohnung von allem alten Krempel, entrümpeln Sie Schubladen und Schränke. Polieren Sie die Möbel, und halten Sie Fenster und Fensterbänke, Spiegel und Tischplatten spiegelblank.

Gestalten Sie Ihre Ruhm-Ecke Platzieren Sie in die entsprechende Bagua-Zone ganz selbstbewusst Diplome, Preise, Urkunden, Trophäen oder Fotos, die Sie als anerkannte Persönlichkeit zeigen. Wählen Sie Dinge, die ästhetisch zum Raum passen und auf die Sie stolz sind. Halten Sie Ihre Ruhm-Ecke immer sauber, und beleben Sie diese Zone mit frischen Blumen und Licht.

Setzen Sie sich ins rechte Licht Wählen Sie außerdem gezielt eine schöne Beleuchtung aus, um sich und Ihr Leben ins rechte Licht zu setzen – nicht grell, aber gut fokussiert. Am besten geeignet sind Kerzen und eine gute Wandbeleuchtung. Zurückhaltend sollten Sie mit Halogen- und Energiesparlampen sein, die sich ungünstig auf die Chi-Qualität auswirken können.

Rollen Sie sich den roten Teppich aus Staatsoberhäupter, Ehrengäste und bedeutende Persönlichkeiten werden gern damit empfangen, dass man ihnen einen roten Teppich ausrollt, denn Rot ist die Farbe des Ruhms, und ein Teppich macht den Gang langsam und würdevoll.

Wenn es in Ihre Wohnung passt, dann gönnen Sie sich einen kleinen roten Läufer, den Sie in einer der Bagua-Ruhmzonen Ihrer Wohnung auslegen.

Stellen Sie Ruhmsymbole auf In den Bagua-Zonen aller Räume lässt sich mit kleinen Symbolen die Ruhm-Energie aktivieren. Das können zum Beispiel kleine pyramidenförmige Kristalle sein, Bildnisse von ruhmreichen und von Ihnen geschätzten Persönlichkeiten oder auch pyramidenförmige rote Kerzen.

Verstärken Sie das Element Feuer Feuer ist das Element, das die Qualität von Ruhm und Anerkennung unterstützt. Überprüfen Sie, ob dieses Element in Ihrer Wohnung hinreichend präsent ist. Neben Lampen, Kaminen und roter Farbe tragen alle Dinge, die aus tierischem Material hergestellt werden, Feuer in sich, wie zum Beispiel Leder, Federn, Wolle, Knochen und Felle. Auch bei Ihrer Kleidung können Sie das auf die gleiche Weise umsetzen.

Zeigen Sie Anerkennung Geizen Sie nicht mit Lob, Dank und Anerkennung, wenn Ihnen etwas gefällt, Sie in einem Restaurant oder Geschäft gut bedient worden sind oder andere Menschen sich Ihretwegen besondere Mühe gegeben haben. Knausern Sie auch nicht beim Trinkgeld, sondern manifestieren Sie Ihre Wertschätzung durch materielle Anerkennung.

Höhe und Weite

Im Bagua-Bereich »Ruhm und Anerkennung«, der idealerweise nach Süden ausgerichtet ist, sollten Sie ausnahmsweise »klotzen, nicht kleckern«, um die Energie dieser Zone zu stärken. Hier können Sie schon einmal den roten Teppich ausrollen.

Symbole der Sieger

Um den Ruhmbereich zu fördern, stärken Sie diese Zone in Ihrer Wohnung oder Ihrem Haus am besten mit solchen Symbolen, die die Anerkennung für Ihre besonderen Leistungen ausdrücken.

Die Kraft der Formen

Der Ruhm-Bereich ist dem extrovertierten Yang-Prinzip zugeordnet, zu dem auch alle aufstrebenden spitz zulaufenden Formen gehören. Diesen Bereich fördert beispielsweise eine Gruppe aus Bergkristallen.

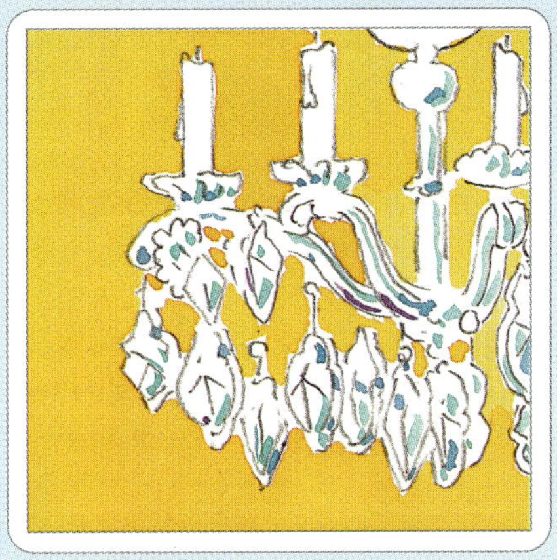

Die Kraft des Lichts

Zum Yang-Prinzip gehören die Farbe Rot sowie Feuer und Licht. Stärken Sie den Ruhm-Bereich deshalb auch mit Licht – am besten ist natürliches Kerzenlicht, etwa in einem schönen Wandleuchter oder Kronleuchter.

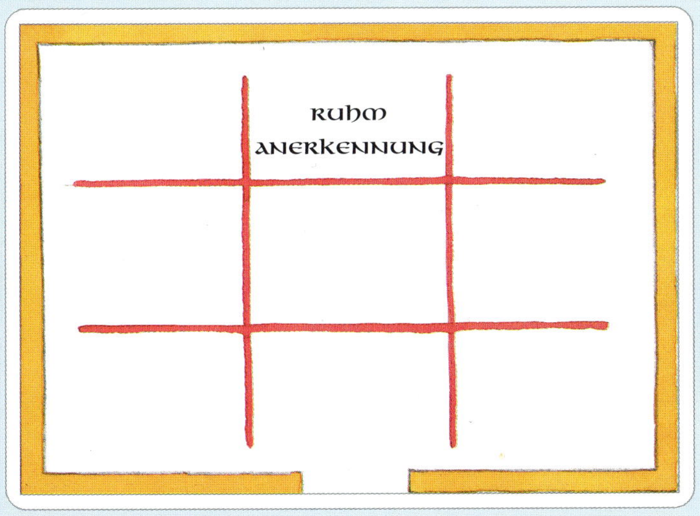

Ruhm und Anerkennung fördern

Leuchtende Farbakzente in Rottönen, Kerzenlicht, üppige Pflanzen, Lichteffekte sowie dynamische Formen unterstützen den Energiefluss in dieser Zone des Bagua ebenso wie Ehrenurkunden, Diplomzeugnisse oder sonstige Auszeichnungen am richtigen Platz.

Das Image fördern

Anerkennung im Berufsleben

Formulieren Sie sich einen Leitsatz für Ihren ganz persönlichen Erfolg, und platzieren Sie diesen Leitspruch dort, wo Sie ihn täglich vor Augen haben.

Nicht jeder findet seinen Traumjob, aber man kann einiges dafür tun.

Mein beruflicher Erfolg

Versuchen Sie zuerst einmal, Ihre Vorstellung von Erfolg zu formulieren. Was bedeutet beruflicher Erfolg für Sie? Welche Anerkennung wünschen Sie sich (Beförderung, Gehaltserhöhung, mehr Verantwortung, mehr öffentliche Wertschätzung)? Mit welchen Tätigkeiten möchten Sie erfolgreich sein? Mit welchem Empfinden möchten Sie arbeiten? Mit welchen Menschen möchten Sie zusammenarbeiten? Wie soll Ihr Arbeitsumfeld aussehen? Welche Position entspricht Ihnen? Welches Einkommen finden Sie angemessen für Ihre Leistung?

Wovon träumen Sie?

Der Leitsatz sollte einfach, klar und positiv sein und den Zustand beschreiben, den Sie sich wünschen! Haben Sie Ihren Leitspruch ständig vor Augen, nimmt das Unterbewusstsein diesen Spruch nach einer Weile an. In Ihrer geistigen Landschaft beginnt eine Veränderung, die sich bald auch im Äußeren zeigt.

Öffentliche Resonanz

Zur Unterstützung öffentlicher Resonanz im geschäftlichen Bereich können Sie die gleichen Maßnahmen anwenden wie im privaten Bereich (siehe Seite 32). Darüber hinaus gibt es aber noch weitere Möglichkeiten zur erfolgreichen Imagebildung:

Legen Sie eine Pressemappe an Sammeln Sie alles, was positiv über Ihr Unternehmen in Zeitungen und Zeitschriften berichtet worden ist, und präsentieren Sie eine aussagekräftige Auswahl davon in einer anspruchsvollen Ledermappe.

Richten Sie eine Schauvitrine ein Diese Maßnahme eignet sich besonders gut für Hotels, Architektur- und Immobilienbüros, Druckereien, Verlage oder Technik-Unternehmen. Zeigen Sie in der Vitrine Fotos von besonderen Jubiläen, Ehrungen und öffentlich ausgezeichneten Mitarbeitern. Stellen Sie Modelle aus, und geben Sie Hinweise zu deren Geschichte und Funktion. Platzieren Sie diese möglichst so, dass das Auge des Betrachters dabei von unten nach oben gelenkt wird.

Betreiben Sie aktive Pressearbeit Lassen Sie die Öffentlichkeit teilhaben an den Entwicklungen Ihres Unternehmens. Bedenken Sie dabei, dass Fotos – vor allem von Personen – eine wesentlich größere Wirkung haben als Textbeiträge.

Stellen Sie Ruhmsymbole auf Dies kann ein kostbarer Füllfederhalter auf dem Schreibtisch sein oder eine wertvolle Vase. Bewahren Sie auch besonders schöne Glückwünsche auf – am besten natürlich in der Bagua-Zone »Ruhm«.

Loben Sie Ihre Mitarbeiter Ein Wort des Lobes bewirkt mehr als zehn Worte der Kritik – aber nur dann, wenn es auch ehrlich gemeint und nachvollziehbar ist. Vergessen Sie dabei nicht die unsichtbaren Helfer im Haus (Reinigungskräfte u. a.). Äußern Sie konkret, welche Leistung Sie schätzen, und gehen Sie bewusst mit Lob um, damit es nicht inflationär wird. Man wird dann auch Ihre (konkrete) Kritik wesentlich bereitwilliger annehmen.

Das erfolgreiche Logo

Jedes Unternehmen hat ein eigenes Markenzeichen, ein Logo (griechisch: logos = Idee), das gleichsam das Symbol für das Unternehmen ist. Ein Symbol hat eine starke geistige Kraft und ist deshalb weit mehr als nur ein Bild oder Zeichen – es ist die Präsenz einer Idee.

Tai Chi In einem Firmensymbol drückt sich die Unternehmensphilosophie aus – das Tai Chi. Es taucht auf allen Briefköpfen, Verpackungen, Produkten etc. auf und ist für den Kunden das Erkennungs- und Wiedererkennungszeichen.

Ein Symbol ist in seiner Kraft und Auswirkung auf das Unbewusste dem Wort um ein Vielfaches überlegen, lässt aber gleichzeitig Freiraum für eigene Assoziationen, denn von einem Symbol fühlt man sich nicht bedrängt, wie es vielleicht Worte tun.

Logos nach Feng Shui

Wegen seiner großen Wirkung kann man der Gestaltung eines Symbols gar nicht genug Aufmerksamkeit schenken. Nehmen Sie sich deshalb viel Zeit und spüren Sie wiederholt und lange hin, ob das Symbol passend ist, ehe Sie damit an die Öffentlichkeit gehen. Aus der Praxis des Feng Shui gibt es Hilfen für die Gestaltung eines besonders kraftvoll wirkenden Logos:

- Yin und Yang sollten in perfektem Einklang sein, also Stabilität und Dynamik, Waagerechte und Senkrechte.
- Wählen Sie ein Symbol, das analog zu den Fünf Elementen (siehe Seite 14) dem dominanten Element Ihres Unternehmens am meisten entspricht.
- Wählen Sie sehr einfache, klare und sofort wahrnehmbare Formen.
- Symmetrische Formen sind besser geeignet für Logos als asymmetrische.
- Regelmäßige Formen sind besser geeignet für Logos als unregelmäßige.
- Vollständige Formen sind besser geeignet für Logos als unvollständige Formen.
- Runde oder abgerundete Formen sind besser geeignet als kantige Formen.

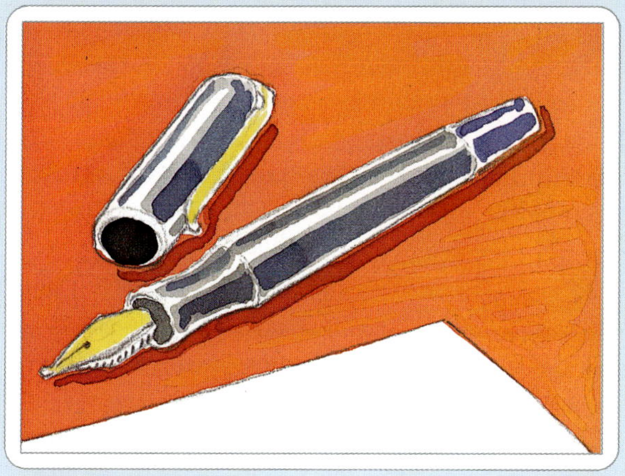

Ausdruck für Erfolg
Statten Sie Ihr Büro mit schönen, werthaltigen Möbeln und Accessoires aus, die nach Erfolg und Anerkennung »riechen«.

Erfolgreiche Logos
Gelungene Logos wie der weltberühmte Mercedes-Stern strahlen Dynamik und Stabilität aus, sind aber einfach und einprägsam.

Yin-Yang-Verbindung
Im Logo der Volksbank verbindet sich das nach oben zeigende V als Yang-Form mit dem geschlossenen Yin-Kreis.

Symbolhafte Logos
Mit seiner Aufwärtsbewegung symbolisiert der Lufthansa-Kranich, dass es in diesem Unternehmen nach oben geht.

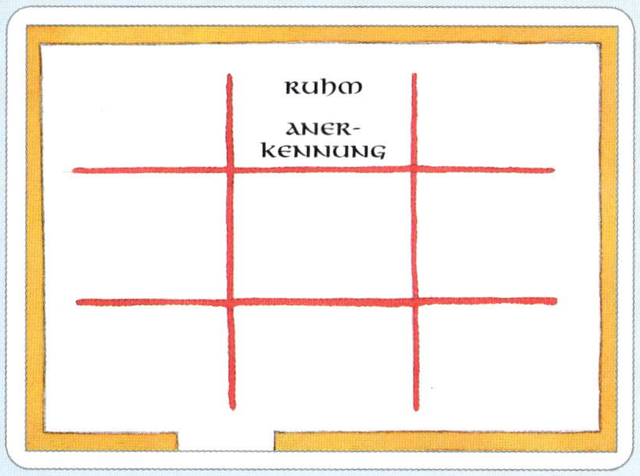

Öffentliche Resonanz fördern
Auch im Berufsleben stärken dieselben Hilfsmittel wie im Privatleben den Bagua-Bereich »Ruhm und Anerkennung«.

Tai Chi – das Zentrum

Erfolgreich sein heißt auch Freiraum haben und Freiraum anbieten – nur so kann überhaupt etwas geschehen.

Nach Feng Shui geht die Energie vom Zentrum einer Räumlichkeit aus.

Der Geist des Hauses

Das Tai Chi in der Mitte der Bagua-Karte ist das alles Verbindende. Nicht nur der Mensch, sondern auch ein Gebäude, ein Raum oder ein Unternehmen brauchen ein Zentrum, eine feste Mitte, auf die sich alles hinordnet.
In der Lehre des Feng Shui ist diese Mitte neutral und wird definiert durch die Bewohner und ihr Bewusstsein.
Das Tai Chi steht quasi für den individuellen »Geist des Hauses«. Bei diesem Bagua-Bereich gilt es, Antworten auf zentrale Lebensfragen zu finden:
Was will ich wirklich vom Leben?
Was ist meine Aufgabe im Leben?
Was ist meine Verantwortung?
Was möchte ich realisieren?

Tai-Chi-Symbole

Das Tai Chi, das Zentrum, lässt sich sehr gut über eine Skulptur, ein Kunstobjkt, einen Zimmerbrunnen, einen kleinen Hausaltar oder ein Mandala symbolisieren. In einem Unternehmen könnte hier beispielsweise die Unternehmensphilosophie in einem Rahmen hängen. Wichtig: Das Tai-Chi-Symbol sollte immer senkrecht ausgerichtet sein und gleichsam Himmel und Erde miteinander verbinden.

Aus der Mitte leben

Aus der Mitte gerissen

Die Dynamik unserer Zeit bringt es mit sich, dass Menschen sich entwurzelt oder aus ihrer Mitte gerissen fühlen. Ständig strömen neue Reize und verlockende Werbebotschaften auf uns ein. Umso wichtiger ist es daher, in Kontakt mit der inneren und auch der räumlichen Mitte zu bleiben. In der Bagua-Zone »Tai Chi« geht es um das, was wir in unserem Leben als Zentrum und »geistigen« Anker empfinden.

Spiritualität gestalten

Segen Erleuchtete, gleich welcher Religion und Zeit, sind sich einig, dass Segen und Einheit mit dem Höchsten, ob man es Erleuchtung, Erlösung oder Selbstrealisation nennt, letztlich göttliche Gnade sind und nicht der eigenen Machbarkeit unterliegen. Alle stimmen darin überein, dass der Mensch einiges dafür tun kann, damit ihm diese Gnade widerfährt. Früher waren es Priester und Religion, die Hinweise gaben, wie Segen realisiert werden kann. Heute gestalten immer mehr Menschen ihre Spiritualität eigenverantwortlich.

Zentrierende Symbole

Der Geist des Hauses Je nachdem, was jemand als seine persönliche Lebensmitte oder seinen Lebenssinn erachtet, sollte er auch ein entsprechendes Segenssymbol in der Bagua-Zone »Tai Chi« etablieren. Das kann beispielsweise ein Mandala, ein Heiligenbild, eine tibetische Tangka, eine tantrische Figur oder auch ein Gemälde oder ein Spruch sein. Wichtig ist aber, dass es mit dem Tai-Chi-Zentrum übereinstimmt, das heißt, es sollte in Harmonie und Übereinstimmung sein mit dem Geist des Hauses oder dem persönlichen Bewusstsein. In einem Hotel könnte dies vielleicht ein festlicher Kronleuchter sein.

Im Buddhismus wie in allen anderen Religionen geht es um die spirituelle Kraft.

Symbole der Kraft

Qualität Bei der Auswahl der passenden Symbole sollte man sehr sorgfältig vorgehen und sich viel Zeit nehmen, um ihre Kraft und Qualität zu erspüren. Dabei wird man die Beobachtung machen, dass viel davon abhängt, wie dieses Symbol geschaffen wurde. Religiöse Künstler bereiten sich oft wochenlang mit Hilfe intensiver spiritueller Übungen auf ihre Arbeit vor und bringen dann eine sehr dichte Energie in ihr Objekt hinein. Abzuraten ist deshalb auch von computergefertigten Bildern oder maschinell hergestellten Symbolen, denn sie haben vergleichsweise sehr viel weniger Kraft und Ausstrahlung als »echte« Symbole, was jeder sensible Mensch auch schnell spüren wird.

Kruzifix Vorsichtig sollte man auch mit der Anbringung eines normalen Kruzifixes sein – also je ein einfacher Quer- und Längsbalken. Archetypisch betrachtet werden dabei nämlich häufig Assoziationen mit einem Schwert geweckt, das Angst und Aggressivität auslöst – was leider auch für weite Strecken der christlichen Geschichte typisch gewesen ist. Die Energierichtung dieses Symbols ist auch nicht nach oben aufrichtend, sondern die Aufwärtsbewegung brechend. Besser sind deshalb Kruzifixe, wie wir sie aus dem keltischen Raum oder von orthodoxen Kirchen kennen, also mit reich verzierten oder von Kreisen eingefassten Enden, die eine ganz andere Ausstrahlung haben.

Symbole der Harmonie
Spirituelle Kraft lässt sich auch aus selbst geschaffenen Symbolen schöpfen, die eine in sich geschlossene Einheit bilden.

Östliche Kalligrafie
Meisterwerke der abstrakten Darstellung spiritueller Symbolik sind die japanischen Kalligrafien mit ihren kraftvollen Linien.

Geschlossenes Kreuz
Energetisch harmonischer als das Kruzifix ist die Symbolkraft eines geschlossenen keltischen oder orthodoxen Kreuzes.

Klare Einfachheit
Die Erinnerung an das Wesentliche drückt sich in den sparsamen Symbolen des japanischen Zen-Buddhismus aus, in denen sich aufstrebendes Yang und erdiges Yin verbinden.

Kunst im Original
Was Kraft gibt, ist individuell sehr verschieden und kann sich in unterschiedlichster Weise ausdrücken – auch durch abstrakte oder monochrome Malerei, die jedoch möglichst original sein sollte.

Sakrale Kunst
Es ist sicher kein Zufall, dass viele alte sakrale Kunstwerke die Menschen auch heute noch in ihren Bann ziehen, denn sie strahlen etwas aus, das auch nach Jahrhunderten noch spürbar ist.

Objekte der Kraft
Ob Abbildung oder Skulptur einer tibetanischen Gottheit, indische Räucherstäbchen oder andere Kultobjekte – wichtig für einen kleinen »Hausaltar« ist, dass Sie einen persönlichen Bezug zu den verwendeten Elementen haben.

Werdet wie die Kinder!
Die wesentlichen Qualitäten, die eine Horizonterweiterung und Selbstausdruck ermöglichen, sind Unschuld, Absichtslosigkeit und Lebensfreude.

Wer kreativ ist, bleibt jung und neugierig.

Was ist Inspiration?
Alle wirkliche Inspiration – ob nun Einsteins Relativitätstheorie, da Vincis Mona Lisa oder Beethovens 9. Sinfonie – sie ereignet sich immer auch in einem spielerischen, quasi kindlich-unschuldigen Zustand. Deshalb heißt es nicht umsonst in der Bibel: »Wenn ihr nicht werdet wie die Kinder, könnt ihr das Himmelreich nicht erfahren.«
Was ist Kreativität?
Neues kann nur entstehen, wenn Altes nicht mehr da ist. Aber das Alte ist vor allem in unseren Denkmustern, Gewohnheiten, Ansprüchen und Erwartungen präsent. Solange der Kopf nicht frei ist und das Denken nicht stillsteht, ist der Mensch geprägt von den Schwingungsmustern vergangener Tage und an das Alte und Vertraute gebunden. Kinder haben deshalb einen viel leichteren Zugang zu neuen Ideen. Sie können stundenlang spielen oder basteln, ohne dass ihnen die Einfälle ausgehen – denn sie sind im Einklang mit der schöpferischen Energie des Universums, die uns im »Ernst des Lebens« leicht verloren geht.

Schöpferisch sein

Evolution contra Reproduktion Wir kommen nun zur Bagua-Zone »Kreativität, Kinder« – ein wichtiger Lebensbereich, denn der Mensch als Teil einer großen schöpferischen Energie ist nicht zufrieden, wenn er nur sein Leben verwaltet und alles beim Alten belässt.
In der Evolution wirkt erkennbar eine Kraft, die Neues, Anderes und Feineres hervorbringen will – Reproduktion ist ihr zu wenig. Wissenschaftler sprechen davon, dass das Leben dieses Planeten eine Zielrichtung hat – hin zu differenzierteren Formen, mehr Komplexität und mehr Ausdruck. Mit dieser schöpferischen Kraft bewusst in Einklang zu sein ist vielleicht das Schönste, was einem Menschen in seinem Erdenleben widerfahren kann. Und das ist sicherlich auch der Grund, warum manche Künstler eher Armut in Kauf nehmen, als aus diesem Energiefeld zu fallen.

Das Geheimnis aller Kreativität

Schöpferische Energie Kreativ sein macht Spaß, und neue Ideen ausbrüten setzt viel Lebensfreude und vitales Chi frei – allerdings nur dann, wenn man nicht muss. Denn nichts blockiert die Inspiration mehr als Druck, gleich, ob der Druck von außen oder von innen kommt. Das Leben ist unglaublich schöpferisch. Denken Sie nur an einen frisch ausgehobenen Erdhügel – in wenigen Wochen verwandelt sich diese dunkle Masse in eine paradiesische Landschaft – und das in vollkommener Harmonie. Kreativität kanalisiert im Grunde also nur die schöpferische Energie des Universums – und jeder große Künstler weiß das.

Die eigene Inspiration stärken

Bevor wir uns einem Beispiel zuwenden, wie man die eigene Kreativität konkret stärken kann, noch einige leicht durchführbare Feng-Shui-Maßnahmen, mit denen Sie die Bagua-Zone »Kreativität« in Ihrem Umfeld fördern können:

Bringen Sie Verspieltheit ins Leben Anregend wirken beispielsweise Kinderzeichnungen, Mobiles, witzige Accessoires, Spielzeug, bunte Bonbongläser oder »Lego-Skulpturen«. Vielleicht finden Sie auch ein schönes Foto aus Ihrer Sandkastenzeit. Geben Sie ihm einen guten Platz, dann freut sich Ihr inneres Kind und bekommt vielleicht wieder Lust, vergnügt und erfinderisch zu sein.
Schaffen Sie Raum für Neues Neuen Wein kann man nur in leere Gläser füllen. Sorgen Sie deshalb für genügend Freiflächen oder Freiwände in Ihrer Wohnung.
In der Tradition des Zen ist in jedem Gebäude eine Wand völlig leer, denn Leerheit macht den Kopf wieder frei und fördert auf diese Weise die Inspiration.
Zeigen Sie Mut für Verrücktes Sorgen Sie für Unterbrechungen im gewohnten Ablauf und in der normalen Gestaltung. Das kann ein überdimensionierter Bleistift sein, den Sie neben Ihren Schreibtisch stellen, oder ein Foto von einer Ihrer Lieblings-Comicfiguren im golden Rahmen, das Sie in den Flur hängen. Sorgen Sie für entsprechende Accessoires, damit sich keine trägen Gedanken und Erwartungsmuster etablieren. Verrücken Sie auch hin und wieder die Möbel, Ihre Pflanzen oder auch einfach das Geschirr im Schrank – und tun Sie ab und an auch einmal etwas völlig Verrücktes, ohne damit immer bis zum nächsten Fasching zu warten, denn Inspiration kann sich zu jeder Zeit einstellen.
Stärken Sie das Element Metall Es steht für die wertvolle Essenz aus der schwarzen Erde und repräsentiert das aus der Tiefe gewonnene und geformte Gut. Prüfen Sie, ob das Element Metall ausreichend in Ihren Räumen präsent ist. Dazu gehören Chrom, Zinn, Gold, Silber, Bronze, Kupfer, Aluminium, Kristalle, Edelsteine und Felssteine. Wenn Sie gerade bauen, dann überlegen Sie, ob eine Möglichkeit besteht, auch Felssteine in das Mauerwerk zu integrieren – als Sockel, Kamin oder kreative Auflockerung langweiliger Wandflächen.

Das Gewohnte unterbrechen

Mit einem ausgefallenen Kunstobjekt im Bagua-Bereich »Kreativität« schaffen Sie sich eine Abwechslung vom Alltag, um den Kopf wieder freizumachen und um den Geist für Neues anzuregen.

Unkonventionelles wagen

Reservieren Sie sich eine Ecke in der entsprechenden Bagua-Zone Ihres Geschäfts oder Büros für eine ungewöhnliche Gestaltungsidee. Sie werden rasch merken, dass die »frische Luft« aus diesem Bereich sich auch positiv auf das gesamte Raumklima auswirkt.

Etwas für sich selbst tun

In unserer funktionalen Welt bleibt wenig Zeit für eigene Kreativität – geben Sie daher Ihrer eigenen Schöpfungskraft wieder mehr Raum, indem Sie in einer Kreativitätszone Ihrer Wohnung oder Ihres Hauses eine ganz persönliche Ecke einrichten, wo Sie Ihrer Inspiration folgen können.

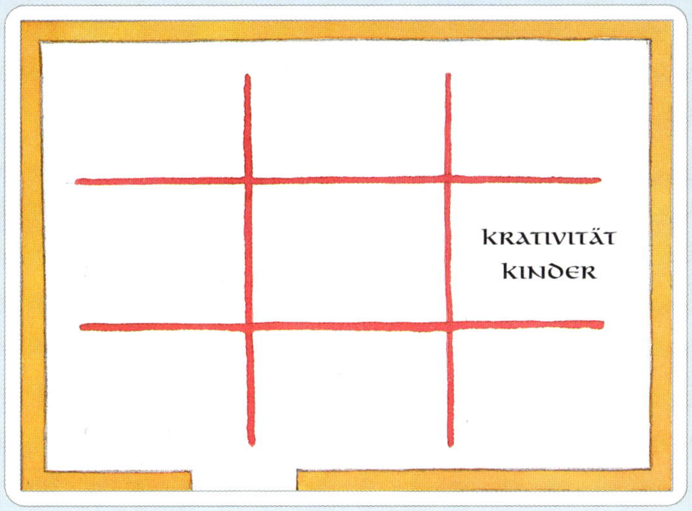

Die Bagua-Zone »Kreativität und Kinder« fördern

In diesem Bereich sollten Sie Freiraum für Ihre Sinne schaffen und einen Platz für Muße und Freude an Kunst und kreativem Spiel. Eine freundliche, helle Raumatmosphäre und kreative Werke von Kindern oder Künstlern heben die Energie in dieser Zone.

Sind Kinder im Haus, dann ist der Bagua-Bereich »Kreativität und Kinder« auch der ideale Platz für das Kinderzimmer oder für die Spielecke.

Die Existenzgründung

Ob ein neues Unternehmen Erfolg hat, hängt nicht nur ab von der guten Idee, sondern auch von den vielen kleinen Details bei der äußeren Gestaltung.

Man kann einiges tun, damit es bei Unternehmen aufwärts geht.

Yin- und Yang-Phasen
Immer mehr Menschen arbeiten heute selbstständig, und die Zahl der Existenzgründungen steigt. Allerdings scheitern dabei mehr als ein Drittel dieser Unternehmen innerhalb der ersten sieben Jahre. Abgesehen von der Gesamtkonzeption und dem Standort einer Firma hängt eine erfolgreiche Entwicklung auch davon ab, ob man beim Unternehmensaufbau ein Gespür für das Wechselspiel von Yin und Yang besitzt, deren Kräfte zwar sehr verschieden sind, die einander aber auf sinnvolle Weise ergänzen.

Wovon hängt der Erfolg ab?
Im Feng Shui ist auch ein Unternehmen ein lebendiger Organismus, der den gleichen Bedingungen unterliegt wie alle anderen Phänomene des Lebens. Als Yin-Phasen eines Unternehmens bezeichnet man Zeiten der Konsolidierung, Planung und Investition. Als Yang-Phasen gelten Zeiten der Expansion, Innovation und Gewinnmitnahme. Wer sich auskennt und diese Phasen für die eigenen Ziele optimal nutzt, der wird seine Unternehmung sicher durch alle Stürme leiten.

Die Kreativität fördern

Flexibilität und Ideen

Kreativität und Innovation Das sind heute die entscheidenden Wettbewerbsvorteile für jedes Unternehmen, und junge Firmen haben oft die Nase vorn, wenn es darum geht, mit neuen Produkten und Ideen auf den Markt zu kommen. Dies hängt natürlich mit der Altersstruktur der Inhaber und Mitarbeiter zusammen – aber nicht nur. Im Design dominiert bei jungen Firmen oft die Qualität des Ostens (siehe Seite 24), und auch die Elemente Feuer und Metall sind meist stark vertreten. Leder, Chrom, Technik, Flexibilität und dazu eine gute Portion Spaß und Verrücktheit kennzeichnen die Qualität vieler junger Firmen. Läuft dann der Laden, müssen oft neue räumliche Kapazitäten geschaffen werden, und in der Regel bedeutet dies den Umzug in ein neues Domizil. Doch seltsamerweise kommt es just nach dem Umzug bei so manchen Unternehmen zu einem ersten Knick in der Firmenentwicklung, ohne dass es scheinbar einen Grund dafür gibt. Eine Analyse der Räumlichkeiten mit der Bagua-Karte kann dann oft erste Hinweise liefern, wo es plötzlich »hakt«, und mit den entsprechenden Feng-Shui-Maßnahmen lassen sich mögliche Energiedefizite meist problemlos wieder ausgleichen.

Was stimmt hier nicht?

Die Analyse Der Vergleich der Bagua-Karte mit dem Grundriss auf der rechten Seite macht deutlich, wo sich eine Fehlbesetzung etabliert hat. Besonders auffällig: In der Zone »Kreativität« sind in dem neuen Domizil jetzt die WC-Anlagen und die Teeküche untergebracht. Diese Neubesetzung ist deshalb besonders nachteilig, weil sowohl im WC als auch in der Teeküche das Element Wasser verschmutzt und weggespült wird. Lässt sich das neue Domizil noch retten, oder hilft in diesem Fall nur ein weiterer Umzug? Ehe man einen Umzug erwägt, sollte man zunächst versuchen, die Disharmonie mit einigen Feng-Shui-Maßnahmen auszugleichen.

Fehlnutzungen ausgleichen

Wasser-Element stärken Im Zentrum der Räumlichkeiten sollte ein Zimmerspringbrunnen eingerichtet werden und mit Pflanzen, Kristallen und Steinen eingerahmt werden. Dies schafft ein kraftvolles, stabiles »Setting« für das wegfließende Wasser-Element.

Spiegel anbringen Außen an der WC-Tür sollte ein kleiner achteckiger Spiegel angebracht werden, der das Chi in den Flur zurückreflektiert und zerstreut.

Holz-Element stärken Im WC sollten Klobrillen und Halterungen aus Holz bestehen, denn Holz bindet Wasser und verhindert, dass es völlig verschwindet (und mit ihm viel wertvolles Chi). Wichtig ist auch, dass der Klosettdeckel stets geschlossen ist, damit das Chi nicht verloren geht. Das WC sollte außerdem mit witzigen Accessoires und Fotos geschmückt werden, möglichst in nach oben strebenden Formen, um das Element Holz zu stärken.

Licht und Farbe nutzen Das WC sollte sehr gut ausgeleuchtet sein – möglichst mit mehreren Lichtquellen. Als Wandfarbe eignet sich gut ein pastelliges Grün, das die Holz-Energie stärkt, während die Decke weiß bleiben sollte.

Holz-Element in der Teeküche Auch die Teeküche sollte vom Element Holz geprägt sein, um Wasser zu binden, also mit Holzmöbeln, Pflanzen, Baumwolltischdecken, Stofflampenschirmen, Sisal- oder Hanfteppichen, geblümten Vorhängen und Handtüchern ausgestattet werden. Als Wandfarbe passt ein helles leuchtendes Grün.

Kreativität fördern Wie im WC sollte auch in der Teeküche Witziges und Verrücktes etabliert werden: ein bunter Kalender, eine Fotoecke vom letzten Betriebsausflug usw. Insgesamt sollte mehr spontane Aktivität in die Teeküche gelenkt werden.

Alle Räume beleben Auch in allen anderen Räumen sollte die jeweilige Bagua-Zone »Kreativität« mit passenden Symbolen, Bildern, Accessoires, Mobiles oder Ähnlichem aktiviert werden.

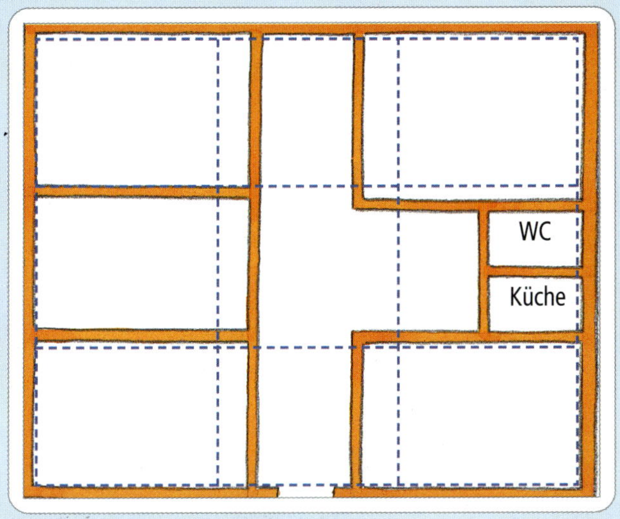

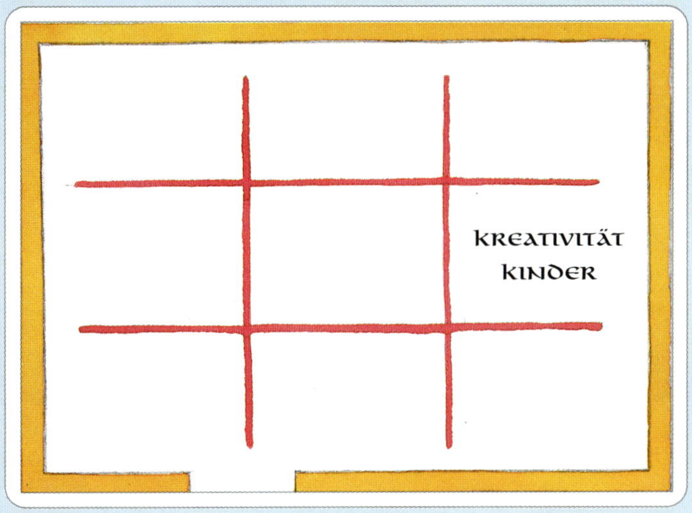

Ungünstiger Grundriss für eine Firma
Bei diesem Büro, das von einem aufstrebenden Jungunternehmen bezogen wurde, liegen Teeküche und WC ausgerechnet im Bereich »Kreativität«. Dadurch geht die kreative Energie verloren. Die guten Ideen werden buchstäblich mit dem Wasser weggespült.

Hilfsmittel bei Energieverlust

Die Fünf Elemente nutzen
Nach dem Elementekreislauf wird Wasser von Holz gebunden. In den vom Wasser-Element unterversorgten Räumen sollten daher Farben und Materialien des Holz-Elements verwendet werden.

Einfache Lösung
Damit das Chi nicht im WC verschwindet, kann man einen Bagua-Spiegel außen an der Tür des WC anbringen, der das Chi bremst und die Energie in den Raum zurückreflektiert.

Energetisieren mit Wasser
Um einen Mangel an der Energie des Elements Wasser auszugleichen, empfiehlt es sich, einen Zimmerspringbrunnen an einer zentralen Stelle im Büro aufzustellen.

Neue Kräfte tanken

Die Privatsphäre schützen

Wichtig für das Gleichgewicht von Yin und Yang ist eine private »Rückzugsecke«, um sich vom Alltag zu erholen.

Für jeden sind Auszeiten wichtig, um wieder neue Kraft zu sammeln.

Yin und Yang in Balance
Jeder Mensch braucht einen Ort, an den er sich zurückziehen und ganz für sich sein kann. Dies gilt umso mehr, wenn Krisen zu bewältigen und Belastungen zu verarbeiten sind. Aber auch im normalen Alltag ist es wichtig, dafür zu sorgen, dass das Bedürfnis nach Privatsphäre von den anderen Menschen respektiert wird – auch von den Kindern. Dazu gehören nicht nur private »Auszeiten«, sondern auch der äußerliche Ausdruck eines geschützten Raumes, sei dies ein eigenes Zimmer oder auch nur ein eigenes Bücherregal oder eigene Schubladen. Andernfalls kommt es in Phasen besonderer innerer oder äußerer Beanspruchung leicht zu Gereiztheit, und überzogene Abgrenzungsgefechte und Aggressionen können dann die Folge sein.

»Öffentliche« Personen
Besonders Menschen, die im öffentlichen Rampenlicht stehen, sollten darauf achten, dass sie ihren privaten Bereich sehr klar definieren und ihn kompromisslos schützen – für sich, ihre Familie und ihre engsten Freunde.

Zeit des Rückzugs Zur Harmonie des Universums gehören nicht nur die Schönwetterperioden, sondern auch, als Teil der Dynamik und Polarität von Yin und Yang, Sturmphasen. Inwieweit die notwendigen Veränderungsprozesse – ob von innen oder außen – zum Gewinn und Segen werden, hängt nach Feng Shui weitgehend davon ab, wie stark die Qualitäten der Bagua-Zone »Gemeinschaft, Familie«, die gegenüber der Bagua-Zone »Kreativität« liegt (siehe Seite 38ff.), entwickelt sind.

Gemeinschaft und Familie Im archetypischen Muster ist dies der Platz der Sippe, der Verwandten und des Ausgleichs. Hier werden Verbindungen gestärkt, Vorräte verwaltet, und hier sind Tradition, Lebensweisheit und Fürsorge anzutreffen.

Junge Leute halten sich auf Distanz zu dieser Zone, und das ist auch wichtig, um eigene Erfahrungen und eigene Fehler machen zu können. Aber auch die Jungen brauchen die Geborgenheit der Familie.

Schutz im Familienkreis

Stabilität Je stabiler man verankert ist, desto besser lassen sich Herausforderungen meistern. Dieser Bagua-Zone sollte man sich dann aufmerksam zuwenden, wenn einem der Wind des Lebens kalt um die Ohren fegt – egal ob berufliche oder private Krisen, ob geschäftliche, sportliche oder gesundheitliche Herausforderungen. In der klassischen Feng-Shui-Gestaltung ist diese Bagua-Zone für das Wohn- bzw. Esszimmer vorgesehen – Orte also, an denen man Kraft sammelt, sich stärkt und Unterstützung, Geborgenheit und Rat im Kreis der Familie und Freunde findet.

Das dominierende Element in diesen Zimmern sollte Holz sein, also Gardinen und Tischdecken aus Baumwolle, vielleicht auch mit Blumenmuster, sowie Holzmöbel und Holzdekorationen. Eichenholz gilt als besonders stabil, gut geeignet sind aber auch Harthölzer wie Buche, Eibe oder Nuss. Weniger günstig ist dagegen die relativ weiche, nachgiebige Kiefer.

Feng Shui gegen Mobbing

Selbstschutz Der Konkurrenzdruck in der modernen Arbeitswelt ist so stark, dass sich manche nicht anders zu helfen wissen, als ihre Ängste über Mobbingmethoden auszuagieren. Dann ist es zwar schön, zu Hause eine geschützte Privatsphäre zu haben, aber es gilt, auch im Außen die Auseinandersetzung aufzunehmen und sich zur Wehr zu setzen.

Anders als in christlichen Klöstern hatte man in chinesischen Klöstern nie Probleme damit, neben Meditation auch Kampfkünste zu trainieren und diese zum eigenen Schutz auch anzuwenden. Ob Kung-Fu oder WingTsun – fast alle asiatischen Kampftechniken sind von Mönchen oder Nonnen (!) entwickelt worden. Nun sollen natürlich im Büro nicht die Fäuste fliegen, aber Sie sollten selbstbewusst und ohne falsche Barmherzigkeit Ihre Position und Ihren Arbeitsplatz schützen.

Die eigene Energie stärken

Feng-Shui-Maßnahmen Beachten Sie das Grundprinzip, dass jede Aggression letztlich auf seinen Verursacher zurückfällt und auch zurückfallen soll. Investieren Sie also keine Energie in Mobbing-Konflikte, sondern stärken Sie Ihre eigene Energie. Dazu können Sie folgende Feng-Shui-Maßnahmen ergreifen:

- Stellen Sie Ihren Schreibtisch so, dass Sie niemanden im Rücken haben und gleichzeitig auf die Tür blicken können.
- Platzieren Sie auf Ihrem Schreibtisch ein persönliches Stabilitätssymbol, etwa eine dicke blaue (quadratische) Kerze oder eine großblättrige Pflanze.
- Stärken Sie das Element Feuer in Ihrem Auftreten (Leder, Schmuck, gebräunte Haut, direkter Blickkontakt).
- Stellen Sie sich vor, dass Sie sich in einer dicken Wolke aus rosarotem Licht befinden. Bauen Sie im Geist ein Bild auf, wie Sie in diesem »Energie-Ei« geschützt und friedlich leben, so dass alle Aggressionen buchstäblich von Ihnen abprallen.

Hier fehlt der Schutz

In diesem Großraumbüro gibt es wenig individuelle Gestaltungsspielräume und damit auch fast keine Möglichkeit, seinen eigenen »Claim« abzustecken und einen inneren Rückzugsraum zu schaffen. Wo er fehlt, ist es schwer, sich vor Übergriffen von außen angemessen zu schützen und abzugrenzen.

Die private Ecke

Etablieren Sie auch an Ihrem Arbeitsplatz – selbst wenn er sich in einem Großraumbüro befindet – eine kleine Privatzone, etwa mit einem Familienfoto oder einer kleinen privaten Schatulle in der Schreibtischschublade. Gut ist auch eine selbst gewählte Pflanze (mit breiten Blättern), die Sie täglich pflegen. Sorgen Sie außerdem für klare Absprachen, wer außer Ihnen noch an Ihrem Arbeitsplatz sitzen darf und Zugang hat zu Schubladen und PC.

Ein Raum zum Wohlfühlen

Machen Sie Ihr Wohnzimmer zu einer Oase im Trubel der Welt, indem Sie für eine Atmosphäre der Wärme und Geborgenheit sorgen. Verbannen Sie das Fernsehgerät möglichst in einen TV-Schrank, oder unter einem hübschen Tuch.

Gemütlicher Essplatz

Schon zu der Zeit, als die Menschen noch Jäger und Sammler waren, zählte der Essplatz zum zentralen Platz innerhalb der Gemeinschaft, denn hier kam man nicht nur zusammen, um gemeinsam zu essen, sondern auch, um sich in der Wärme des Feuers auszuruhen oder Neuigkeiten auszutauschen. Und an dieser grundlegenden Funktion des Essplatzes hat sich bis heute nichts geändert, so dass Sie ihn besonders schön gestalten sollten, damit sich Familie und Freunde an diesem Platz wohl und geborgen fühlen.

Hilfreiche Verbindungen

Als Teil des Ganzen

Alles »aus eigener Kraft schaffen« ist unsere westliche Devise, in »harmonischem Miteinander leben« und dabei Hilfe geben und annehmen können, ist der Leitspruch des Feng Shui.

An Freunden lässt sich die Balance von Geben und Nehmen ablesen.

Niemand ist eine Insel
Dieser Titel eines berühmten Romans drückt genau jene Geisteshaltung aus, die nötig ist, damit sich im Beruf und Privatleben hilfreiche Unterstützung einstellen kann. Es ist auch die Geistes- und Lebenshaltung im Feng Shui, die sich dessen bewusst ist, dass das eigene Leben tief eingewoben ist in den Lauf der Sterne, die Rhythmen der Natur und die Beziehungen zu den anderen Menschen.

Abhängig oder autonom?
Während die westliche moderne Kultur seit dem letzten Jahrhundert den Akzent vor allem auf Aspekte wie die persönliche Autonomie, den freien Willen und die Emanzipation im umfassenden Sinne legt, hat Feng Shui den Menschen als Teil eines Ganzen im Blick, der innerlich damit einverstanden ist, für seinen Erfolg »abhängig« zu sein – von günstigen Umständen ebenso wie von hilfreichen Mitmenschen – ohne sich dabei etwas zu »vergeben«. Denn entsprechend der östlichen Denkweise steht alles Sein und Tun mit allem in Beziehung.

Teamarbeit oder Einzelkämpfer? Globale Vernetzung und Informationstechnologie kennzeichnen das Wirtschaftsleben im 21. Jahrhundert. Effektive Zusammenarbeit im Team ist deshalb ein wichtiger Stützpfeiler des Erfolgs, wobei es grundsätzlich darum geht, unterstützende Kräfte in das eigene Unternehmen bzw. in das eigene Leben einzubinden. Ersteres betrifft vor allem die Frage der Mitarbeitergewinnung und der internen Zusammenarbeit, aber auch Aspekte der Kooperation mit anderen Unternehmen, Verbänden und Investoren. Im persönlichen Bereich geht es um die Themen Hilfreiche Menschen, Haushaltshilfen und Haustiere. Auf der Bagua-Karte orientieren wir uns jetzt an der Position »Hilfreiche Freunde (»Hilfreiche Menschen« und »Mentoren«)«.

Die Hilfe von anderen annehmen können

Unbewusste Abwehr Wenn jemand fast aggressiv darauf besteht, auf nichts und niemanden angewiesen zu sein, wird er sich schwer tun, Hilfe zu suchen und anzunehmen. Und wenn er sie dann doch einmal braucht, nagt das möglicherweise so heftig an seinem Selbst- und Weltbild, dass er ungünstigstenfalls bewusst oder unbewusst immer wieder Situationen »inszeniert«, in denen er alle vermeintlichen Helfer als »Dilettanten«, »Faulpelze« oder »Ausbeuter« entlarven kann.
Ständiger Personalwechsel, gerichtliche Auseinandersetzungen, zerrüttete Nachbarschaftsverhältnisse und problematische Beziehungen sind dann oft der sichtbare Ausdruck eines solchen inneren Konflikts. Psychologen sehen darin ein übergroßes Bedürfnis nach Autonomie als Ausdruck einer ungelösten Beziehung mit einer übermächtigen Mutter bzw. auch einer mütterlichen Institution (Kirche, Nation, Clan) – kurz: Diese Menschen haben es oft sehr schwer, Hilfe von »Mutter Erde« und von ihrer Menschheitsfamilie anzunehmen. Äußerlich kann sich dies auch häufig dadurch ausdrücken, dass die entsprechende Bagua-Zone in ihrem Büro oder in ihrer Wohnung mit unverhältnismäßig klobigen und schweren Möbeln zugestellt ist.

Hilfreiche Menschen anziehen

Wer jedoch in seinem Leben hilfreiche Menschen anziehen möchte, der kann auch einiges dafür tun:

- Legen Sie ein wertvolles Adressbuch an, das Sie regelmäßig aktualisieren.
- Schaffen Sie einen werthaltigen sichtbaren Aufbewahrungsplatz für die Visitenkarten von Freunden und Kollegen.
- Gestalten Sie eine Fotowand oder Fotocollage mit Bildern von Freunden, Kollegen – und Ihren Haustieren.
- Manifestieren Sie Ihren Dank für erhaltene Hilfeleistungen in Form von kleinen Geschenken oder Feiern.
- Geben Sie selbst Ihre Hilfe und Unterstützung in Form von Spenden, ehrenamtlichen Tätigkeiten oder gezielten Angeboten an Mitarbeiter, Kollegen oder Freunde.
- Gestehen Sie sich Ihre Bedürfnisse ehrlich ein, und verschaffen Sie sich Klarheit, welche Art der Unterstützung Sie sich genau wünschen.
- Nehmen Sie an Fortbildungsveranstaltungen teil, die Sie mit anderen Interessierten zusammenbringen.
- Sorgen Sie für zeitliche Freiräume zum spontanen Austausch bei zufälligen Begegnungen.
- Verwenden Sie Symbole, die das Unbewusste für hilfreiche Menschen öffnen. Dafür eignen sich beispielsweise Mannschafts- bzw. Belegschaftsfotos oder auch weitläufige Landschaftsbilder, auf denen sich die Wege kreuzen oder verbinden. Im privaten, sakralen Bereich sind hierfür auch Engel- oder Bodhisattva-Figuren empfehlenswert – sofern Sie einen Bezug dazu haben.
- Verstärken Sie die Elemente Erde und Wasser in Ihrem Umfeld.

Freunde sichtbar machen

Mit einer liebevoll gestalteten Fotowand mit Abbildungen von Freunden und besonders geschätzten Personen, am besten in der entsprechenden Bagua-Zone »Hilfreiche Freunde«, stärken Sie die positive Resonanz zu den Menschen, die Ihnen wichtig sind.

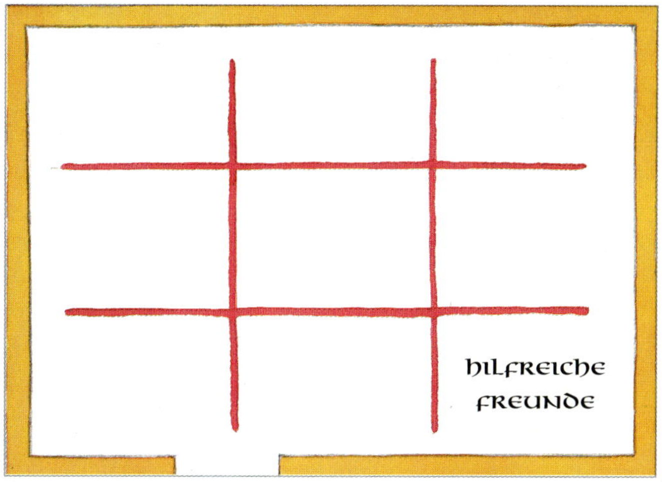

Himmlische Freunde

Sofern Sie einen Bezug dazu haben, können Sie außerdem ein Bild von unsichtbaren Helfern im entsprechenden Bagua-Bereich aufhängen.

Wichtige Adressen

Drücken Sie Ihren Wunsch nach hilfreichen Menschen auch dadurch aus, dass Sie ein wertvolles Adressbuch anlegen, das Sie regelmäßig auf den neuesten Stand bringen.

Symbole für gute Verbindungen

Hilfreich sind auch Abbildungen, auf denen die Verbindung zwischen Menschen symbolisch dargestellt ist, etwa eine Landschaft mit sich kreuzenden Wegen.

Neue Freunde sammeln

Ihre Wertschätzung für hilfreiche Verbindungen kann sich auch darin zeigen, dass Sie Adressen und Visitenkarten in einem besonders schönen Kasten aufbewahren.

Hilfreiche Kräfte fördern

Die Garderobe

Wichtige Details Eine Garderobe sagt viel aus, wenn man sie mit »Feng-Shui-Augen« betrachtet: Sind ausreichend Bügel und Haken frei, damit hilfreiche Menschen oder Geschäftspartner sich bei Ihnen oder in Ihr Projekt »einhaken« können? Ist die Garderobenecke gut ausgeleuchtet oder eher in diffuses Licht getaucht? Dürfen Ihre hilfreichen Freunde wirklich im Licht stehen, oder ist Ihnen das eher unangenehm? In einer Garderobe sollte auch ein großzügiger Spiegel nicht fehlen, denn er verteilt das Chi und dokumentiert, dass der Gast gern gesehen ist. Belebend und damit Energie fördernd sind auch gesunde Pflanzen und schöne Bilder an der Wand.

Das Gästezimmer

In manchen Häusern oder Wohnungen gibt es ein extra Gästezimmer, das die Bereitschaft dokumentiert, »Hilfreiche Menschen« aufzunehmen oder selbst ein »hilfreicher Freund« für andere zu sein. Damit diese Energie zum Tragen kommt, sollten Sie jedoch zwei Aspekte beachten:

Das Chi fördern Wird ein Raum lange Zeit nicht genutzt, stagniert dort die Energie. Achten Sie daher auf regelmäßiges Lüften, und sorgen Sie stets für etwas Blühendes. Auch ein Mobile oder eine Kristallkugel halten das Chi in Bewegung.

Stagnation vermeiden Gästezimmer werden oft auch als Abstellplatz für ausgediente Möbel verwendet, was ebenfalls abgestandenes Chi fördert. Achten Sie deshalb darauf, dass sich Ihre hilfreichen Freunde nicht wie in einer Abstellkammer beherbergt fühlen.

Garagen und Parkplätze

Unterwegs sein Bei manchen Gebäuden ist die Zone »Hilfreiche Menschen« mit Autostellflächen oder Garagen besetzt. Oft zeigt sich dann seltsamerweise, dass die Bewohner dieser Häuser unverhältnismäßig häufig mit dem Auto unterwegs sind: Sie reisen viel und gern und treffen interessante Menschen und »Hilfreiche Freunde« meist unterwegs, während ihr Zuhause oft ein wenig einsam und verlassen wirkt. Handelt es sich dabei um ein Büro, dann ist der Chef meist viel »außer Haus«, und das Geschäft wird während seiner Abwesenheit häufig von einer sich selbst überlassenen Bürokraft geführt.

Wechselwirkungen Solche Wechselwirkungen zwischen Gebäudegrundriss und Verhaltensmuster entwickeln sich natürlich nicht von heute auf morgen, sondern schleichen sich quasi über viele Jahre ein. Und bezeichnenderweise ist das Land mit der höchsten Autodichte pro Einwohner und dem höchsten Spritverbrauch, die USA, zugleich auch das Land, in dem Garagen oft als fest verbundener Teil eines Hauses geplant werden – nämlich in der Bagua-Zone »Hilfreiche Menschen«.

Feng-Shui-Maßnahmen Damit Sie besser zur Ruhe kommen und nicht andauernd im Auto oder auch im Kopf irgendwo unterwegs sein müssen, sollten Sie Garagen und Autostellplätze strikt vom Hauptgebäude trennen und zudem möglichst einen optischen Blickschutz einbauen. Dadurch unterstützen Sie, dass auch »Hilfreiche Menschen« zu Ihnen kommen und nicht Sie sich auf den Weg machen müssen.

Das Chi an Ihrem Arbeitsplatz

Ein gut gestalteter Arbeitsplatz zieht das Chi an.

Damit es »Hilfreichen Menschen«, zu denen auch Mitarbeiter gehören, am Arbeitsplatz gut geht, sollten Arbeitgeber einige Dinge beachten.

Die Werkstatt

Dies ist der Raum, in dem Menschen handfest arbeiten. Sorgen Sie dafür, dass Ihre Mitarbeiter es dort mit sicheren und funktionierenden Arbeitsgeräten zu tun haben. Besonders wichtig sind in einer Werkstatt Ordnung, Sauberkeit und eine gute Beleuchtung. Dies unterstützt die Sorgfalt, mit der gearbeitet wird, und unterstreicht die Wertschätzung für die geleistete Arbeit.

Das Büro

Wenn Sie als Arbeitgeber einen neuen Mitarbeiter suchen, achten Sie darauf, dass sein künftiger Arbeitsplatz nicht mit allem möglichen Krimskrams zugestellt wird. Machen Sie optisch deutlich, dass hier Platz ist für einen neuen Mitarbeiter, und entfernen Sie alles, mit dem sich der ehemalige Mitarbeiter an diesem Platz »verewigt« hat. Natürlich sind auch hier eine gute Beleuchtung und einwandfreie Arbeitsmittel wichtig. Auf diese Weise ist die Atmosphäre frei für frische und positive Energie, die der neue Mitarbeiter mitbringt.

Der erste Eindruck zählt
Hilfreiche Menschen werden von einer Umgebung angezogen, die signalisiert, dass sie willkommen sind. Die Garderobe zählt zu den ersten Eindrücken beim Betreten eines Hauses und sollte deshalb so gestaltet sein, dass der Neuankömmling das Gefühl bekommt, dass Platz für ihn ist.

Raum für Gäste
Auch wenn das Gästezimmer nur selten genutzt wird, sollten Sie es ebenso sorgfältig gestalten wie alle anderen Räume, damit das Chi nicht stagniert. Dazu gehören neben regelmäßigem Reinigen und Lüften auch vitale Elemente wie Zimmerpflanzen oder eine gute Beleuchtung.

Ungünstig

Ungünstige Position der Garage
Langjährige Beobachtungen haben gezeigt, dass die Bewohner von Häusern mit unmittelbar angeschlossener Garage auffallend oft mit dem Auto unterwegs sind, während »Hilfreiche Menschen« eher selten zu ihnen kommen.

Unruhefaktor
Dieser Autostellplatz wirkt einladend für Kunden eines Geschäfts, für Hausbewohner jedoch ist er energetisch gesehen ungünstig. Viel Unruhe entsteht und durch seine Größe bekommt der Abstellplatz zusätzliches Gewicht.

Günstig

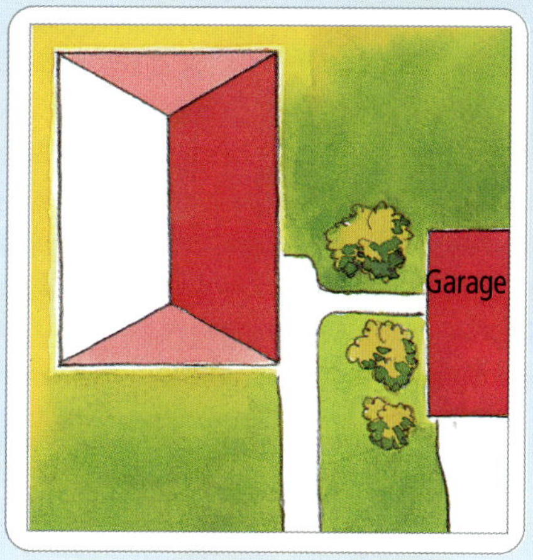

Günstig gelegene Garage
Die Garage sollte geschlossen und in ausreichendem Abstand zum Haus liegen. Auf diese Weise kehrt mehr Ruhe in das Haus ein.

Pflanzen als Sichtschutz
Dieser Parkplatz ist gut positioniert. Büsche und Bäume bieten einen guten Sichtschutz zum Haus. Optimal wäre es, wenn der Abstand zwischen Stellplatz und Haus noch etwas größer wäre.

Wohlstand und Glück

Das Wohlstandssymbol

Wohlstand bedeutet im Feng Shui weit mehr als die materielle Absicherung und das Anhäufen von sichtbaren Besitztümern aller Art.

Wohlgefühl ist mehr als materieller Wohlstand und Besitz.

Was ist Wohlstand?
Als typisches Symbol für Wohlstand und Zufriedenheit gilt das gleichmäßig rauschende Meer, das sich in seinen Wellenkronen bricht. Und viele Menschen kennen das Gefühl, dass alles irgendwie in Ordnung ist, wenn sie am Meer sitzen und einfach dem Spiel der Wellen zuschauen. Und dieses Gefühl hat den Geschmack von Wohlstand: Mir fehlt nichts, alles ist gut. Ich fühle mich ausgeglichen, zufrieden und mit allen Sinnen gesättigt.

Wohlstand bedeutet Lebensfreude
Wohlstand lässt sich also auch dadurch definieren, dass alle Bedürfnisse zur Ruhe kommen und weder Gier noch das Gefühl von Mangel das Leben bestimmen. Wohlstand bedeutet vielmehr, dass sich eine entspannte Freude am Leben und Dasein einstellt.

Wenn das Geld fehlt Ohne auf den Pfennig schauen zu müssen das kaufen zu können, was einem gefällt, und sich abends schlafen legen zu können, ohne an die nächste Miete, die nächsten Gehälter oder den leeren Heizöltank denken zu müssen – das wünscht sich jeder. Aber mancher fragt sich vielleicht: Wie soll denn das überhaupt gehen – mit meinem Beruf, in meinem Alter, bei dieser Konjunkturlage?

Den Wohlstand mehren Arbeiten und Wohnen mit Feng Shui heißt zwar nicht, dass morgen der große Lottogewinn kommt, aber es lässt sich doch etwas in Bewegung bringen, damit sich Wohlstand, Geld und Zufriedenheit deutlich mehren. Auf der Bagua-Karte liegt der Bereich »Reichtum« in der Zone, die diagonal gegenüber der Zone »Hilfreichen Menschen« liegt (siehe Bagua-Karte Seite 27).

Gebundene Energie

Reichtum kann auch belasten Mehr noch als manche arme Menschen müssen sich heute viele Reiche ständig mit ihren Geldproblemen beschäftigen, denn genauso schnell, wie der Reichtum gekommen ist, kann er auch wieder verschwinden, und dies verursacht auf unterschwellige Weise Angst und Spannung. Finanzieller Reichtum hat im Feng Shui jedoch nur dann einen Wert, wenn der Mensch dadurch auch mehr Wohlsein und Zufriedenheit erfährt. Sowohl mangelndes Geld als auch vorhandenes Geld können also die Aufmerksamkeit und die Energie übermäßig binden – und beides bedeutet im Feng Shui »Nicht-Wohlstand«.

Wie wird man reich?

Zwei Wege Feng Shui unterscheidet grundsätzlich zwei Wege, wie man zu mehr Wohlstand und Reichtum kommen kann. Der eine ist Yin-betont und basiert auf Qualitäten wie Geduld, Zähigkeit und Anpassung. Der andere ist Yang-betont und ist geprägt von Dynamik, Macht und Energieeinsatz.

Schnell oder langsam zum Erfolg? Während man mit der Yang-Qualität sehr schnell hohe Gewinne erzielen kann, ist der Yin-Weg eher ein organischer Wachstumskurs: Eins baut auf dem anderen auf, langsam wachsen die Kreise, und jedes Jahr trägt der Baum mehr Früchte.

Die Wirkung der Yang-Energie Unser heutiges Wirtschaftsleben ist allerdings durch und durch Yang-betont, wie man an den Aktienmärkten sieht, und bewegt sich in rasantem Auf und Ab, denn eine Yang-betonte Wirtschaft ist äußerst sturmanfällig, weil sie ist nicht organisch gewachsen und mit Land und Leuten verwurzelt ist. Sie muss ständig mit komplizierten Maßnahmen abgestützt und gesichert werden.

Den Wohlstand fördern

Die Analyse Im Hinblick auf materiellen Wohlstand ist es sinnvoll, zunächst eine Analyse und gegebenenfalls eine Stärkung der Bagua-Zone »Reichtum« vorzunehmen. Erscheint diese Zone als Fehlbereich, kann man sie auf die gleiche Weise fördern, wie auf Seite 28 beschrieben, nur, dass Sie für diese Zone die Symbole und Gestaltungsmerkmale verwenden, die für die Wohlstandszone maßgeblich sind.
Diese Wohlstandsqualität lässt sich sowohl im Arbeits- als auch im Privatbereich durch einfache Hilfsmittel aktivieren:

- Bilder oder Fotos mit schönen maritimen Motiven oder mit Wasserfällen
- Wasserschalen, ein Aquarium, ein Zimmerspringbrunnen
- Windspiele, Windsäcke, Windmühlen und Fahnen für den Außenbereich
- Wertgegenstände, Antiquitäten, Münzsammlungen, Schmuck
- Pflanzen mit münzförmigen Blättern wie Geldbaum, Springkraut und Begonie
- Gegenstände oder Bilder, die Sie mit Wohlstand verbinden, etwa das Modell einer Segeljacht u. a.
- Üppige, schwellende Designformen
- Decken, Servietten und Kerzen in Blau, Purpur oder Gold.

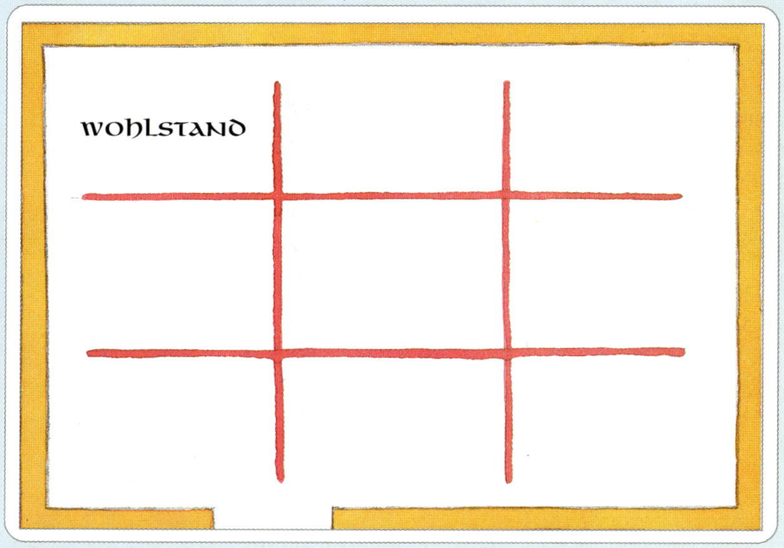

Licht als Energiequelle
Vor allem Kerzenlicht bringt neue Energie in die Wohlstandszone. Wenn Sie dort regelmäßig eine brennende Kerze aufstellen, bekommt das Thema »Geld« etwas Positives – und Bedrückendes weicht.

Blumen und Münzen
Bei wenig Platz, etwa wenn ein Regal in der Wohlstandszone steht, können Sie eine dekorative Schale mit frischem Wasser in das Regal stellen, in der eine Blume schwimmt oder Geldmünzen liegen.

Das Element Wasser bringt Wohlstand
Ein wichtiges Symbol für Reichtum und Wohlstand im Feng Shui ist das Element Wasser. Stärken Sie deshalb den Reichtumsbereich in Ihrem Zimmer mit allem, worüber sich dieses Element ausdrückt.

Üppige Pflanzen ziehen Reichtum an
Ein Hilfsmittel, um die Reichtumszone zu aktivieren, sind Pflanzen. Wichtig ist, dass sie gut gepflegt werden, denn Verwelktes und Verblühtes blockiert den Energiefluss.

Goldfisch als Glückssymbol
Auch Tiere beleben den Wohlstandsbereich. Achten Sie darauf, dass in einem Aquarium das Wasser immer sauber ist, damit das Chi nicht stagniert.

Wertsymbole schaffen Ausgleich
Einen Fehlbereich in der Wohlstandszone sollten Sie mit einem werthaltigen Statussymbol ausgleichen – ideal ist etwa das Modell einer Segeljacht, denn hier kommt auch noch das Wasser-Element ins Spiel.

Die gelungene Partnerschaft

Das harmonische Miteinander Die Partnerschaft ist etwas ungemein Wichtiges im Leben und zugleich etwas sehr Fragiles und Sensibles. In der Bagua-Karte hat die Partnerschaftszone ihren Platz in der oberen rechten Ecke. Interessant ist, dass Liebespaare im Restaurant instinktiv fast immer einen Platz rechts hinten in der Ecke wählen, denn hier fühlen sie sich geschützt, hier haben sie Abstand zum Trubel der anderen und dennoch alles im Blick. Die Bagua-Zone »Partnerschaft« symbolisiert aber nicht nur unsere Beziehungen zum Lebens- und/oder Liebespartner, sondern auch unser generelles Verhältnis zu Nähe, Intimität und Eros.

Beziehungen fördern

Die Analyse Gute Beziehungen kann man nicht machen, aber man kann mit Feng Shui etwas dafür tun, dass sie entstehen und reifen können. Nehmen Sie deshalb wieder die Bagua-Zone genau in Augenschein. Gibt es hier eine Fehlzone, die ausgeglichen werden müsste? Entspricht ihre räumliche Nutzung dem Aspekt Partnerschaft, dem Austausch und Miteinander? Nicht selten findet sich in Singlewohnungen in der Partnerschaftsecke der Computer, der Fernseher oder die Hi-Fi-Anlage. Dies kann völlig in Ordnung sein, solange der oder die Bewohner(in) damit einverstanden und glücklich ist, allein zu leben, denn durch diese Platzierung wird das grundlegende Bedürfnis nach Austausch trotzdem erfüllt. Wer aber gern einen Partner oder eine Partnerin hätte und unter seinem Singledasein leidet, der sollte auch räumlich und symbolisch Platz für eine Beziehung schaffen.

Unterstützende Mittel

Die Partnerschaftszone kann mit folgenden Hilfsmitteln aktiviert werden:

- Fördern Sie die Willkommensqualität im Eingangsbereich (siehe Seite 8).
- Schaffen Sie in der Partnerschaftsecke einen einladenden Freiraum. Verbannen Sie Uhren, Geschäftliches und alles, was sperrig ist, aus dieser Zone.
- Wählen Sie weiche und einladende Formen, die die Yin-Qualität stärken.
- Wählen Sie Bild- und Symbolmotive für diesen Bereich, die Paare darstellen.
- Stellen Sie einen üppigen Obstteller auf. Dies aktiviert die Vitalität und weckt die Lust zum »Reinbeißen«.
- Hängen Sie ein Delphin-Mobile auf, denn Delphine repräsentieren Freude, Verspieltheit und Herzensqualität.
- Stabilisieren Sie die Herzensenergie über einen schönen Rosenquarzkristall.
- Sorgen Sie stets für frische oder blühende Blumen in dieser Zone. Rosen, Tulpen, Gladiolen und Rankgewächse sind besonders gut geeignet für die Partnerschaftsecke. Ein Kaktus hat in dieser Ecke nichts zu suchen, ungünstig sind auch Pflanzen, deren Blüten nach unten zeigen, wie etwa Lilien oder verkümmerte Pflanzen.
- Achten Sie auf ausreichend Feuer-Qualität: Kerzen, große Streichhölzer, Kristallpyramiden, Leder, rote Farbtöne.
- Achten Sie darauf, dass keine scharfen Kanten, etwa vom Tisch oder Schrank, auf Ihr Kuschelsofa zeigen, denn sie erzeugen negatives Sha und stören die Harmonie in diesem Bereich.

Geben und Nehmen

Harmonie stellt sich nicht von allein ein.

Glück und Gelingen einer Beziehung hängen ab vom »Umsatz« und von der Qualität des gegenseitigen Gebens und Nehmens.

Die richtigen »Zutaten«
»Umsatz« bedingt Raum und Zeit, Qualität macht die Atmosphäre von Vertrautheit aus, die Nähe und echte Begegnung zulässt. Beide stehen in einer engen Wechselbeziehung: Wo keine Qualität erwartet und gesucht wird, hat man oft einfach »keine Zeit« oder keine Lust. Ist aber keine Zeit verfügbar, kann wiederum auch nur schwer Qualität reifen und erfahrbar werden.

Wie entsteht Harmonie?
In früheren Kulturen gab es festgelegte Rollen für Mann und Frau, Eltern und Kinder, für Individuum und Gemeinschaft, die das Gleichgewicht von Geben und Nehmen im Lot hielten. Jeder wusste, was seine Aufgabe und Pflicht in dem Verband war, und konnte erwarten, dass dies auch die anderen taten. Im Idealfall herrschte »Gerechtigkeit«, also die Balance von Geben und Nehmen. Wer nur gibt und nicht nehmen will, erniedrigt andere, und wer nur nimmt, ohne zu geben, erniedrigt sich selbst. Beides verhindert eine echte Partnerschaft.

Ungünstig

Hier ist kein Platz für einen Partner
Ein einsamer, unbequeme Stuhl in der Bagua-Zone »Partnerschaft« zieht keinen Partner an. Für diese Zone eignen sich alle Elemente, die die Zweisamkeit fördern, wie ein Sofa und weiche, runde Formen, die der weiblichen Yin-Energie entsprechen.

Genuss und Lebensfreude
Auch eine große Schale mit knackig frischem Obst als sichtbarem Ausdruck für Wachstum und sinnlichen Genuss hilft, die Energie dieser Zone zu beleben.

Die Sinnlichkeit wecken
Anregend auf die Sinne wirkt auch eine Duftlampe in der Partnerschaftsecke mit einer individuellen Mischung von Aromaölen, wobei hier Duftöle mit herber Note weniger geeignet sind als frische, fruchtige Aromen.

Günstig

Pflanzen in der Kuschelecke
Ein weiteres Hilfsmittel zur Aktivierung der Partnerschaftszone sind aufrecht wachsende, üppig blühende Pflanzen, die Sie in der Nähe Ihres Sofas platzieren.

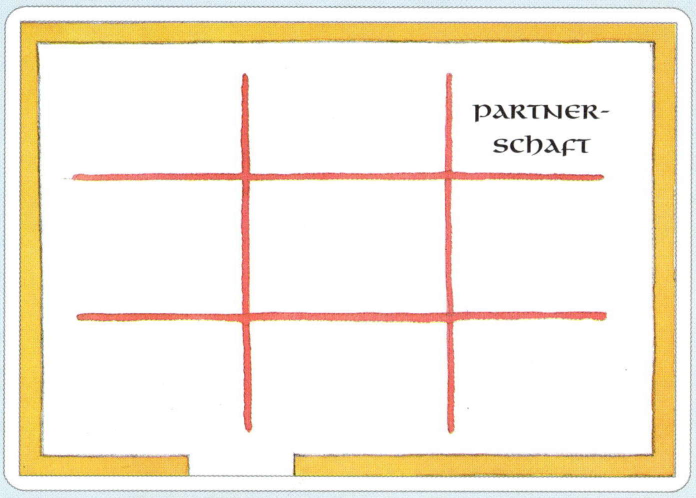

Paarsymbole
Unterstützend wirken Symbole, die Zweisamkeit ausdrücken. Häufige Motive im Feng Shui sind auch Figurenpaare symbolträchtiger Tiere wie Delphin oder Taube, Mobiles, Zeichnungen oder Fotografien.

Wer passt zu wem?

Der Feuer-Typ

Leidenschaft Feuer-Typen sind leidenschaftlich und dynamisch. Oft kennen sie aber ihre Grenzen nicht und überfordern dadurch sich und andere mit ihren hohen Erwartungen. Feuer auf Feuer bedeutet geballte Energie und leidenschaftlichen Sex, aber auch reichlich Stress und Aufregung. Ein friedliches Zusammenleben oder Zusammenarbeiten ist daher auf Dauer nur schwer möglich. Günstig sind dagegen Verbindungen mit einem Erd-Typ, denn Erde gleicht Feuer aus und Feuer ernährt mit seiner Asche wiederum die Erde.

Der Erd-Typ

Beständigkeit Der Erd-Typ ist verlässlich und ordnungsbewusst, das Spontane und Abenteuerliche schätzt er dagegen nicht sehr. Jede Mark dreht er zweimal um und verfügt vermutlich irgendwann über ansehnlichen Reichtum. Damit der Erd-Typ nicht zu starr wird, sollte er das Element des fließenden Wassers suchen, das ihn etwas weicher werden lässt und ihn davor bewahrt, allzu materiell zu werden.

Für den heißblütigen Feuer-Typ kann der Erd-Typ sehr ausgleichend und beruhigend wirken. Auch der leicht unbeugsam wirkende Metall-Typ fühlt sich beim Element Erde geborgen und gut aufgehoben.
Der kreative Holz-Typ allerdings hält es wahrscheinlich mit dem gewohnheitsorientierten Erd-Typ nicht allzu lange aus, ohne sich schnell in seiner Freiheit eingeschränkt und gebremst zu fühlen.

Der Metall-Typ

Willenskraft Menschen, die in diesen Zeitperioden geboren wurden, verfügen in der Regel über einen eisernen Willen, sind sehr durchsetzungsstark und freiheitsliebend und haben einen scharfen Verstand.
In Beziehungen können sie zuweilen etwas hart und verletzend sein, denn Kompromisse sind nicht unbedingt ihre Stärke.
Der Metall-Typ fühlt sich bei einem Erd-Typ geborgen und gut aufgehoben, Metall auf Metall lässt dagegen die Funken fliegen. Feuer wird vom Metall-Typ als Bedrohung und Gefährdung erlebt, von dem er sich abgrenzen muss.

Der Wasser Typ

Intuition Der intuitive Wasser-Typ ist gefühlsstark, aber auch etwas launisch und leicht beeinflussbar. Er schätzt den Halt durch die willensstarken Metall-Typen und kann mit anderen Wasser-Typen wie auf einer Welle schwimmen und tiefe Erfahrungen von Synchronizität erleben. Holz-Typen fühlen sich vom Wasser-Typ genährt, Feuer-Typen fühlen sich dagegen vom Wasser-Typ bedroht.

Der Holz-Typ

Expansion Der kreative Holz-Typ ist an Wachstum und Erneuerung interessiert. Er mag keinen Stillstand, wird schnell ungeduldig und kann sich in Ideen und Visionen verrennen. Vom Wasser-Typ fühlt er sich genährt, verstanden und unterstützt, und auch der Wasser-Typ fühlt sich beim Holz-Typ wohl. Feuer-Typen suchen gern Holz-Typen, die aber aufpassen müssen, dass ihre Energie dabei nicht verbrennt. Bei einer Holz-Metall-Konstellation sind Spannungen angesagt, denn Metall will das Holz »bearbeiten«.

Elemente-Kombinationen in der Partnerschaft

Nutzen Sie die Fünf Elemente für die Partnerwahl.

Jede Partnerschaft hat ihre eigene Qualität, die an sich weder gut noch schlecht ist, solange sie von den Beteiligten als bereichernd und als ausgewogen erlebt wird.

☯ Die Yin-Yang-Balance
Geben steht für den Yang-Aspekt in einer Beziehung, Nehmen für den Yin-Aspekt, und zwischenmenschliche Beziehungen sind nur dann in Ordnung, wenn Geben und Nehmen gleichmäßig verteilt sind.
Wie diese Balance realisiert und stabilisiert werden kann, lässt sich anhand der unterschiedlichen Elemente-Beziehungen ablesen.

☯ Was fördert, was hemmt?
Ausgehend vom individuellen Geburtsjahr ordnet Feng Shui dem Menschen eine jeweils dominierende Elemente-Qualität zu. Wie wir bereits an anderer Stelle gesehen haben (Seite 14), reagieren die Elemente je nach Eigenschaft unterschiedlich aufeinander, das heißt, sie können sich gegenseitig fördern oder hemmen. Wer sich dieser Elementekräfte bewusst ist, kann ein besseres Verständnis für die Potenziale und Schwierigkeiten einer Partnerschaft entwickeln und die förderlichen »Zutaten« für diese Partnerschaft bewusst einsetzen.

Der Feuer-Typ

03.02.1916 – 10.02.1918
13.02.1926 – 22.01.1928
24.01.1936 – 30.01.1938
02.02.1946 – 09.02.1948
12.02.1956 – 17.02.1958
21.01.1966 – 29.01.1968
31.01.1976 – 06.02.1978
09.02.1986 – 16.02.1988
19.02.1997 – 27.01.1998

Der Holz-Typ

26.01.1914 – 02.02.1916
05.02.1924 – 12.02.1926
14.02.1934 – 23.01.1936
25.01.1944 – 01.02.1946
03.02.1954 – 11.02.1956
13.02.1964 – 20.01.1966
23.01.1974 – 30.01.1976
02.02.1984 – 08.02.1986
10.02.1994 – 18.02.1996
20.01.2004 – 28.01.2006

Der Erd-Typ

11.02.1918 – 19.02.1920
23.01.1928 – 29.01.1930
31.01.1938 – 07.02.1940
10.02.1948 – 16.02.1950
18.02.1958 – 27.01.1960
30.01.1968 – 05.02.1970
07.02.1978 – 15.02.1980
17.02.1988 – 26.01.1990
28.01.1998 – 04.02.2000

Der Metall-Typ

10.02.1910 – 17.02.1912
20.02.1920 – 27.01.1922
30.01.1930 – 05.02.1932
08.02.1940 – 14.02.1942
17.02.1950 – 26.01.1952
28.01.1960 – 04.02.1962
06.02.1970 – 15.01.1972
16.02.1980 – 24.01.1982
27.01.1990 – 03.02.1992
05.02.2000 – 11.02.2002

Der Wasser-Typ

18.02.1912 – 25.01.1914
28.01.1922 – 04.02.1924
06.02.1932 – 13.02.1934
15.02.1942 – 24.01.1944
27.01.1952 – 02.02.1954
05.02.1962 – 12.02.1964
16.01.1972 – 22.01.1974
25.01.1982 – 01.02.1984
04.02.1992 – 09.02.1994
12.02.2002 – 21.02.2004

Beziehungen und Beruf

Das Geheimnis erfolgreicher Unternehmen liegt auch zu einem Teil darin, dass die Balance des gegenseitigen Gebens und Nehmens harmonisch ist.

Investierte Arbeitsenergie sollte immer angemessen entlohnt werden.

Gerechter Lohn = Energie
Die Balance von Yin und Yang betrifft nicht nur Partnerschaften, sondern auch berufliche Beziehungen. Besonders heikel im Hinblick auf das Gleichgewicht von Geben und Nehmen sind Arbeitsvergütungen: Wer das Gefühl hat, mehr zu geben, als nehmen zu können, wird auf seine Weise für einen Ausgleich sorgen, sei es über Krankfeiern oder fehlendes Engagement.
Einen gerechten Lohn zu vereinbaren ist deshalb die Basis für eine gute Partnerschaft zwischen Mitarbeiter und Unternehmensleitung, damit Geben (Yang) und Nehmen (Yin) in Harmonie sind und es auch bleiben.

Leistung = Energie
Eine erfolgreiche berufliche Partnerschaft sollte die qualitative Ebene des Austausches berücksichtigen. Die Arbeitsvergütung sollte sich idealerweise sowohl nach Umsatz des Gebens – sprich Arbeitszeit – richten als auch nach der qualitativen Mitwirkung am Erfolg des Unternehmens. In manchen Firmen ist daher eine leistungsabhängige Vergütung und Mitbeteiligung am Unternehmenserfolg über Prämien, Aktien oder Geschäftsanteile üblich.

Arbeitsbeziehungen

Partnerschaftliches Arbeiten fördern Auch in Geschäftsräumen können die Besprechungszimmer oder Besprechungsecken mit Feng-Shui-Maßnahmen so gestaltet werden, dass das partnerschaftliche Miteinander gefördert wird:

- Ungünstig sind eckige Tische. Runde, ovale oder abgerundete Tische fördern dagegen das Gefühl von Gemeinsamkeit und hemmen »Frontbildungen«.
- In der Mitte des Tisches sollte sich ein optisch zentrierendes und energetisch anregendes Symbol befinden. Gut geeignet sind hierfür gefüllte Obstschalen, frische Blumen oder Kerzenarrangements.
- Stühle mit Lederbespannung stärken das Element Feuer und unterstützen dadurch engagiertes Arbeiten.
- Förderlich ist ein Fußbodenbelag in einem Blauton, der das Element Wasser (Fließen) und die Qualität des Nordens (Weite und Klarheit) aktiviert.
- Aufstrebende Pflanzen wie Palmen in den Ecken unterstützen die Arbeit mit zusätzlichem Chi, Sauerstoff und Luftfeuchtigkeit und symbolisieren einen aufwärts gerichteten expandierenden Geist.
- Auch auf den Fensterbänken in einem Büro sollten Pflanzen stehen, die verhindern, dass das Chi zu schnell den Raum verlässt. Bonsai-Gewächse symbolisieren Zähigkeit und Optimierung.
- Stehen Besprechungsräume längere Zeit leer, dann sollte man darauf achten, dass das Chi hier durch Kristallkugeln in den Fenstern, Mobiles und regelmäßiges Lüften in Bewegung bleibt.

Typische Sitzordnungen

Wer sitzt wo? Wer über Erfahrung in Teambesprechungen verfügt, hat vielleicht schon einmal beobachtet, dass sich die Teilnehmer einer Konferenz oft nach sehr subtilen Gesichtspunkten an den Tisch setzen: Rechter Hand des Vorsitzenden sitzt fast immer ein »hilfreicher Freund«, zumeist auch die rechte Hand des Chefs, z. B. der Produktionsleiter, sowie die Marketing- und Entwicklungsleute. Von der rechten Seite darf der Vorsitzende in der Regel also neue Ideen, Anregungen und eine intensive Gesprächsbeteiligung erwarten. Linker Hand, in der Wissenszone, sitzt meist der Assistent oder die Sekretärin, die den Chef mit Fakten, Zahlen und Analysen stützen. Hier sitzen auch die Bedächtigen und Bewahrer, meist Mitarbeiter aus dem Bereich Finanzen und Verwaltung, die darauf achten, dass das Erreichte nicht gefährdet wird, unnötige Risiken vermieden werden und die Kontinuität gewahrt bleibt.
Probleme bereiten oft die Personen, die dem Vorsitzenden gegenübersitzen – meist der Verkaufsleiter mit seinen Kollegen. Sie sind es, die mit ihrer Leistung letztlich dem Unternehmen zu Ruhm, Erfolg und Anerkennung verhelfen sollen, aber dafür möchten sie auch Anerkennung und Einfluss haben und als Partner ernst genommen und angemessen beteiligt werden, was sich oft durch eine gewisse Hartnäckigkeit und Streitlust ausdrückt.

Das Verkaufsgespräch

Über Eck Beim Verkaufsgespräch ist es energetisch gesehen am günstigsten, eine Sitzform über Eck zu wählen, so dass Käufer wie Verkäufer auf das Produkt oder das Projekt schauen. Der Verkäufer sollte als »hilfreicher Freund« möglichst immer rechts vom Kunden sitzen, ohne dass dieser sich jedoch bedrängt fühlt.

Das Beratungsgespräch

Flexibilität Hier sollte das Arrangement entsprechend Feng Shui das Angebot eines offenen Gesprächs signalisieren, also eine flexible Sitzanordnung um einen niedrigen Tisch oder auch ohne Tisch. So ist mehr Nähe und Begegnung möglich, und keiner der Beteiligten wird auf eine bestimmte Position festgelegt. Optimal für größtmögliche Flexibilität sind bewegliche Stühle, mit denen sich die Gesprächspartner nach links und rechts drehen können.

Ungünstig

Hierarchie am Tisch
Ungünstig bei dieser Sitzordnung ist der Tisch mit seinen scharfen Kanten; die Position der Stühle, die einander gegenüber bzw. am Kopfende stehen, zeigt an, dass es hier um eine hierarchische Konstellation geht.

Der Tisch als Barriere
Eindeutig Distanz schafft dieser Sitzplatz, bei dem die Gesprächspartner durch einen breiten Tisch voneinander getrennt sind. Auch die unbequemen Stühle signalisieren, dass es hier keine Gleichwertigkeit gibt.

Günstig

Am runden Tisch
Das Gesprächsklima wird sich positiv gestalten, wenn sich Menschen um einen runden Tisch versammeln, alle Beteiligten direkten Blickkontakt haben und kein »Chefsessel« optisch hervorgehoben wird.

Angenehme Atmosphäre
Diese Sitzgruppe mit dem niedrigen Tisch eignet sich ausgezeichnet für ein Verkaufsgespräch, bei dem Verkäufer und Kunde auf direktem Weg miteinander kommunizieren können, ohne einander jedoch zu bedrängen.

Der Berg des Verstehens

»Wenn du verstanden hast und nicht danach handelst, dann hast du nicht verstanden.« (Lao-Tse)

Andere Perspektiven helfen, den eigenen Horizont zu erweitern.

Den Überblick gewinnen

Im Feng Shui wird die Wissenszone mit dem Motiv des Berges verknüpft, denn der Berg ist der Ort, wo man den Überblick hat, wo man die Landschaft als Ganzes sehen kann und dem hektischen Trubel des Alltags entronnen ist. Auf die Berge ziehen sich auch die Heiligen, Weisen und Erleuchteten zurück, und gewiss nicht zufällig hielt Jesus seine bedeutendste Rede auf einem Berg. Denn der Berg ist symbolisch gesehen auch der Platz, wo man sich dem Himmel, dem Göttlichen und dem Geistigen, näher fühlt. Bringen Sie in Ihre Wissenszone also auch ein Stück von der erhabenen Bergatmosphäre – gewinnen Sie Abstand vom Vielerlei des Alltags, und geben Sie sich Zeit und Raum für Ihre geistige Entwicklung. Um die dafür nötige Ruhe zu schaffen, gibt es im Feng Shui einige einfache Hilfsmaßnahmen.

Bewusst sein

Was ist Wissen? Auf der Bagua-Karte kommen wir jetzt zur Zone »Wissen«. Wissen bedeutet im Feng Shui allerdings etwas anderes als nur das Ansammeln von Informationen – es geht vor allem darum, wie man Eindrücke, Erfahrungen und Kenntnisse verarbeitet und in sein eigenes Bewusstsein und Verhalten integriert.

So kann es durchaus sein, dass jemand, der sehr belesen ist, trotzdem nur wenig »weiß«, weil er wenig erfahren und verarbeitet hat, während jemand, der vielleicht nur über wenig Bücherwissen verfügt, eine wesentlich höhere Qualität des Wissens im Sinn von Feng Shui besitzt.

Was ist Intelligenz?

Tier und Mensch Biologisch betrachtet lässt sich zunächst kaum ein nennenswerter Unterschied zwischen Tier und Mensch feststellen. So ist der Mensch – evolutionsgeschichtlich gesehen – zum Beispiel enger mit dem Schimpansen verwandt als dieser mit dem Gorilla. Aber wer ist nun intelligenter? Der Walfisch, der über eine Entfernung von mehreren tausend Kilometern mit Artgenossen kommunizieren kann, oder der Mensch, der dafür Handys und Satelliten benötigt? Die Frage der Intelligenz stellt sich heute nicht mehr so einfach dar wie noch vor wenigen Generationen.

Entscheiden und gestalten

Der Genuss des Verstehens Und dennoch gibt es ein Merkmal, das den Menschen von allen anderen Lebewesen unterscheidet: Er hat ein Ich-Bewusstsein, das heißt, er verfügt nicht nur über Wissen (wie die Tiere), sondern weiß auch, dass er weiß, und kann deshalb nicht nur über sich selbst nachdenken, sondern ebenso über alles, was nicht er selbst ist.

Dies versetzt den Menschen in die Lage, sein Leben bewusst zu gestalten. Aus diesem Ich-Bewusstsein entstehen Wissenschaft und Forschung, Kunst und Erfindungen – und das unterscheidet den Mensch von allen anderen Lebewesen.

Abstand vom Ich Außerdem kann der Mensch im Gegensatz zum Tier über sich selbst lachen, weil er durch sein ausgeprägtes Ich-Bewusstsein von sich selbst Abstand nehmen kann. Entspannte Heiterkeit ist daher in den Augen vieler Weisen und Philosophen die Frucht wirklichen Wissens – und Verstehen ein köstlicher Genuss.

Geistige Entwicklung

Die Qualität der Zone »Wissen« können Sie mit folgenden Maßnahmen stärken:

- Befreien Sie Ihr Bücherregal von allen Altlasten und Staub, und bringen Sie eine sinnvolle Ordnung in das Regal. Entsorgen Sie alte Zeitungen, Zeitschriften und Werbeprospekte. Leeren Sie regelmäßig die Papierkörbe, und entfernen Sie auch den Datenmüll von der Festplatte Ihres PC. Sorgen Sie für aufgeräumte Schubladen.
- Legen Sie Bücher oder Studienmaterialien, mit denen Sie sich gegenwärtig beschäftigen, in Griffnähe Ihres Lesesessels oder Schreibtischs, damit Sie nicht lange danach suchen müssen.
- Wählen Sie anstelle einer Deckenbeleuchtung lieber eine Stehlampe, eine Wandleuchte oder eine Schreibtischlampe, die den Lichtkegel direkt auf das Objekt Ihrer Betrachtung wirft – das unterstützt die Konzentration.
- Schmücken Sie den Raum mit Bildern, Postern oder Fotos von Berglandschaften, abgeschiedenen Orten oder Wolken.
- Wenn Sie einen bestimmten Lehrer, Wissenschaftler oder weisen Menschen besonders schätzen, können Sie das in dieser Zone über ein Foto oder eine Büste gut zum Ausdruck bringen.
- Wählen Sie bei Tapeten oder Möbeln keine groben, sondern feine Strukturen.
- Unterstützen Sie Ruhe und Tiefe der Gedanken durch die Farben Schwarz, Blau und Grün.
- Platzieren Sie an einer auffälligen Stelle einen Leuchter mit weißer Kerze.
- Mit Lilien und Orchideen symbolisieren Sie mußevolles geistiges Arbeiten.

Ungünstig

Chaos erschwert das Arbeiten

Energetisch gesehen ist dieser Schreibtisch zwar funktional, aber nicht unbedingt förderlich. Das Durcheinander auf dem Tisch erschwert ein systematisches Arbeiten, und die große Leuchtstoffröhre mit ihrem harten Licht verhindert, dass die Energie optimal fließt.

Ordnung schaffen

Um die Wissenszone zu stärken oder einen Fehlbereich auszugleichen, sollten Sie zunächst Ordnung in Ihr Bücherregal bringen und bei dieser Gelegenheit gleich alles entfernen, was Sie nicht mehr brauchen, damit wieder Platz für Neues entstehen kann.

Günstig

Arbeitsfreundliche Atmosphäre

Bei diesem Schreibtisch sorgen einige Elemente für konzentriertes Arbeiten: In den Schubladen verschwindet der Kleinkram, so dass kein langes Suchen mehr nötig ist. Die Lampe ist direkt auf die Arbeitsplatte gerichtet, und frische Blumen sorgen für eine lebendige Atmosphäre.

Einladende Leseecke

Regen Sie den Energiefluss in diesem Bereich mit einer ruhigen Leseecke an – ein gemütlicher Sessel und warmes Licht laden zum Verweilen ein, Fotos mit Landschaftsmotiven und Porträts von bedeutenden Persönlichkeiten fördern die kontemplative Ruhe dieses Platzes.

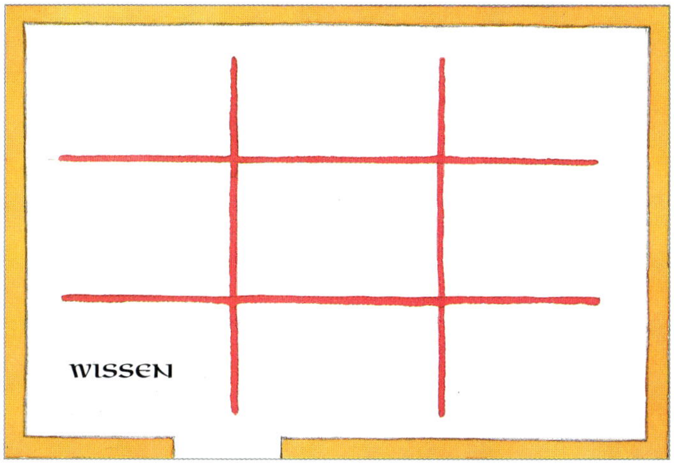

Hilfsmittel für die Wissenszone

Um den Alltag mit Leichtigkeit meistern zu können, sind Wissen und Weisheit nötig. Für das Aufnehmen von Wissen und für das Reifen von Erkenntnissen brauchen wir auch einen Rückzugsort. Eine bequeme Leseecke oder ein Meditationsplatz unterstützen die Energie in der Zone »Wissen«. Bildmotive von Bergen, Wolken oder »großen Geistern« inspirieren.

Das 7-Schritte-Programm

Organische Veränderungen Feng Shui ist keine Methode für eine Radikalkur, um Dinge und Situationen von heute auf morgen zu verändern. Es geht vielmehr darum, ganz bewusst Schritt für Schritt vorzugehen und alle getroffenen Maßnahmen zunächst konkret an ihren Ergebnissen zu überprüfen, bevor man weitere Veränderungen vornimmt. Dieses behutsame Vorgehen hat auch einen tiefen psychologischen Aspekt. Er besteht darin, anzuerkennen und zu respektieren, dass es bislang »gute« Gründe dafür gab, warum die Dinge so sind, wie sie gerade sind.

Der Status quo

Die Analyse Wenn jemand beispielsweise die Karrierezone seines Büros mit alten Akten oder Möbelstücken zugestellt hat, dann spiegelt dies möglicherweise eine Haltung wider, die am Vergangenen festhalten möchte und sich nicht recht traut, Platz für Neues und damit auch für neue Herausforderungen zu schaffen. Lieber die gute Erinnerung an erfolgreiche Tage wachhalten, als das Risiko einzugehen, überfordert zu werden von dem, was da Neues auf mich zukommen könnte – so oder ähnlich lautet vielleicht die tiefere Botschaft in einem solchen Fall.
Wenn man nun Veränderungen in der Bagua-Zone »Karriere« vornimmt, ist damit zu rechnen, dass zumeist unbewusst vorhandene Gründe, die dazu führten, warum etwas so war, wie es war, ins Bewusstsein drängen und nach einer Auseinandersetzung verlangen.

Sich Zeit geben Über eine äußere Veränderung wird also immer auch eine innere Veränderung angestoßen. Aber dieser Prozess braucht Zeit, Gespräche und Respekt vor der eigenen Geschichte – denn nur so kann sich etwas auflösen, und nur so können neue Einstellungen reifen.
Deshalb sollte man immer nur mit einem Thema anfangen zu arbeiten und entsprechende räumliche Veränderungen vornehmen. Oft erkennt man allerdings, dass dieses eine Thema auf subtile Weise noch mit anderen Themen verstrickt ist, und kann dann die Feng-Shui-Maßnahmen entsprechend ausweiten.

Erfolg ist nicht »machbar«

Geduld haben Die Wirkung von Feng-Shui-Maßnahmen auf das Chi und die Atmosphäre eines Raumes sind in der Regel sofort zu spüren, wenn man nur ein wenig sensibel dafür ist. Bis sich jedoch handfeste Erfolge einstellen, können manchmal mehrere Wochen und Monate vergehen. Denn je nachdem, wie gravierend die Veränderungen sind, dauert es eine Weile, bis sich das neue Schwingungsfeld geordnet und in seiner Ausstrahlung stabilisiert hat, aber dann wirkt es auf nahezu magische Weise: Der Erfolg stellt sich ein – ohne besondere Anstrengungen – als eine organische Folge davon, dass alles in Ordnung ist und sich für alle Beteiligten stimmig anfühlt. So gesehen lässt sich Erfolg nicht erzwingen und »machen«, aber in jedem Fall nachhaltig unterstützen. In diesem Sinn möchten wir Ihnen zum Abschluss ein 7-Schritte-Programm vorstellen, das Ihnen helfen kann, systematisch die Veränderungen in Ihrem Leben vorzunehmen, die Ihren Bedürfnissen und Zielen optimal entsprechen.

Der 1. Schritt: Was möchten Sie in Ihrem Leben verändern?

Veränderungen sind leichter, wenn man das Ziel kennt.

Ehe Sie mit Ihren Veränderungen beginnen, ist es sinnvoll, zuerst mal eine Bestandsaufnahme Ihrer derzeitigen Situation zu machen.

Die Selbstbefragung
Beantworten Sie zunächst die folgenden Fragen der Bestandsaufnahme auf Seite 59 so ehrlich wie möglich. Dies ist der 1. Schritt. Nur dann werden Sie erkennen können, welche Lebensbereiche möglicherweise mehr Vitalität, Harmonie und Erfolg »vertragen« können. Wählen Sie für Ihre Beantwortung der Fragen eine Skala von 1 bis 7 Punkten, wobei die 1 für ein uneingeschränktes Nein oder völlige Ablehnung steht, die 7 für ein uneingeschränktes Ja oder völlige Zustimmung.

Was zeigt Ihnen das Ergebnis?
Addieren Sie am Ende Ihrer Selbstbefragung die Punktezahl der einzelnen Abschnitte, und tragen Sie diese in die beiden Bagua-Karten auf Seite 60/61 ein. Die maximale Punktezahl eines Fragekomplexes beträgt 21 Punkte, die minimale Punktezahl beträgt 3 Punkte. Je weniger Punkte Sie bei einer Frage notiert haben, desto eher empfiehlt es sich, in diesem Bereich konkrete Veränderungen vorzunehmen.

1. Schritt: Die Bestandsaufnahme

Beantworten Sie folgende Fragen so ehrlich wie möglich. Sie werden dann bei der Auswertung erkennen, welche Lebens- und Unternehmensbereiche mehr Vitalität, Harmonie und Erfolg »vertragen« können. Wählen Sie für Ihre Beantwortung eine Skala von 1 bis 7 Punkten. Die 1 steht dabei für Nein oder völlige Ablehnung. Die 7 steht für ein uneingeschränktes Ja bzw. einen positiven Wert.

Persönlicher Bereich

A Die eigene Mitte – Tai Chi

- [5] Kommen Sie gern nach Hause zurück?
- [4] Haben Sie ein Gefühl, um was es in Ihrem Leben geht?
- [6] Welchen Stellenwert haben persönliche Werte in Ihrem Verhalten?

B Lebensweg, berufliche Entwicklung – Karriere

- [5] Leben Sie gern dort, wo Sie im Moment leben?
- [7] Fühlen Sie sich in Ihrem Beruf am richtigen Platz?
- [6] Freuen Sie sich auf die Zukunft?

C Hilfe und Unterstützung – Hilfreiche Menschen

- [5] Finden Sie ausreichend Unterstützung für Ihre Anliegen und Probleme?
- [6] Werden Sie oft um Hilfe gebeten?
- [5] Nehmen Reisen, Unternehmungen und Unterwegssein ein wohltuendes Maß ein?

D Schöpferisch sein – Kinder, Kreativität

- [7] Wie sehr gehört Kreativität zu Ihrem Leben?
- [5] Fühlen Sie sich wohl mit (Ihren) Kindern?
- [6] Haben »verrückte Dinge« Platz in Ihrem Leben?

E Beziehungen, Ehe – Partnerschaft

- [5] Wie glücklich sind Sie mit Ihrer »Beziehungssituation«?
- [5] Nehmen Nähe und Initmität ausreichend Platz in Ihrem Leben ein?
- [4] Wie ausgewogen empfinden Sie das Geben und Nehmen in Ihrem Leben ?

F Der Platz in der Gesellschaft – Anerkennung

- [6] Sind Sie stolz auf das, was Sie im Leben erreicht und geleistet haben?
- [6] Wie fühlen Sie sich von anderen beachtet und geachtet?
- [6] Hat Ihre Meinung Gewicht in der Verwandtschaft, bei Freunden, Kollegen?

G Krisen meistern, Stabilität, Geborgenheit – Familie

- [5] Können Sie Kraft tanken in Ihrer Wohnung ?
- [6] Fühlen Sie sich zu Hause geschützt und geborgen?
- [7] Sind Ihre Familie, Freunde oder Vorgesetzte für Sie da, wenn Sie sie brauchen?

H Wohlstand, Gesundheit – Reichtum

- [6] Können Sie mit einem zufriedenen Gefühl einschlafen?
- [6] Können Sie Ihre finanziellen Verpflichtungen erfüllen?
- [7] Haben Sie ausreichend Spielraum an Zeit und Geld, um sich Schönes zu gönnen?

I Geistige Entwicklung – Wissen

- [6] Haben Sie genügend Zeit für Muße?
- [6] Können Sie in den letzten Jahren ein geistiges Wachsen bei sich wahrnehmen?
- [6] Haben Sie Freude an Themen außerhalb des Nachrichten- und Berufsalltags?

Addieren Sie nun die Punktzahlen der Abschnitte A bis I, und tragen Sie diese in die Bagua-Karte auf Seite 60 ein. Die maximale Punktzahl einer Zone beträgt 21 Punkte.

Unternehmerischer Bereich

Sind Sie selbstständig, oder leiten Sie ein Unternehmen, könnte diese Bestandsaufnahme helfen, um zu erkennen, welche Bereiche mehr Vitalität, Harmonie und Ordnung brauchen, damit der »Laden rund läuft«.

A Philosophie des Unternehmens –Tai Chi

- [ ] Wie stolz sind die Mitarbeiter, für das Unternehmen arbeiten zu können?
- [ ] Wie stark ist der gemeinsame Verhaltenskodex aller Mitarbeiter und Führungskräfte?
- [ ] Wie stark sind die selbstregulierenden Kräfte im Unternehmensorganismus?

B Die Entwicklung des Unternehmens – Karriere

- [ ] Verläuft die Unternehmensentwicklung in geordneten Bahnen?
- [ ] Fühlen sich Kunden wohl – bleiben Sie Ihnen treu?
- [ ] Wie ist das Verhältnis von Kundenkontakt und Kundenkauf bzw. -auftrag?

C Lieferanten, Hilfskräfte – Hilfreiche Menschen

- [ ] Wie hoch ist das Niveau an Sauberkeit, Entrümpelung und nötigen Reparaturen?
- [ ] Finden Lieferanten und Vertreter problemlos ihre Anlaufstellen?
- [ ] Finden Sie leicht Ersatz- oder Vertretungskräfte?

D Innovation – Kreativität

- [ ] Wie sehr ist Ihr Unternehmen mit neuen Ideen vorn dran?
- [ ] Wird viel gelacht in Ihrem Unternehmen?
- [ ] Bleiben Querdenker und Exoten beim Unternehmen?

E Betriebsklima, Zusammenarbeit – Partnerschaft

- [ ] Wie beurteilen Sie die Personalfluktuation im branchenmäßigen Vergleich?
- [ ] Wie hoch ist die Fehlzeitenquote im Branchenvergleich?
- [ ] Wie hoch ist die Beteiligung und das Engagement an Betriebsfesten u. Ä.

F Das Image – Anerkennung

- [ ] Sind die Mitarbeiter stolz auf das, was sie geleistet haben?
- [ ] Ist die öffentliche Meinung über das Unternehmen dem Unternehmen förderlich?
- [ ] Findet das Unternehmen mit seinen Anliegen Gehör bei Politik und Verbänden?

G Umsatz und Gewinn – Ertragslage

- [ ] Wie sieht die Rendite im Branchenvergleich aus?
- [ ] Können alle finanziellen Verpflichtungen termingerecht erfüllt werden?
- [ ] Ist ausreichend Spielraum für Investitionen und Sonderaktionen vorhanden?

H Krisen meistern – Stabilität

- [ ] Wie beurteilen Sie den Zusammenhalt der Belegschaft?
- [ ] Gibt es Coachingangebote, Suchthilfeprogramme o. Ä. für Mitarbeiter?
- [ ] Wird der Rat älterer Mitarbeiter oder ehemaliger Inhaber gesucht?

I Fortbildung und Kompetenz

- [ ] Wie hoch ist im Branchenvergleich der Kapitaleinsatz für Mitarbeiterfortbildung?
- [ ] Wie beurteilen Sie das Wissensmanagement in Ihrem Unternehmen?
- [ ] Ist genug Zeit und Raum für Gespräche über das Tagesgeschäft hinaus?

Addieren Sie nun die Punktzahlen der Abschnitte A bis I, und tragen Sie diese in die Bagua-Karte auf Seite 61ein. Die maximale Punktzahl einer Zone beträgt 21 Punkte.

Ziele im Privatleben

So gehen Sie vor
Übertragen Sie die Punktezahl aus der Bestandsaufnahme von Seite 59 in die einzelnen Felder.

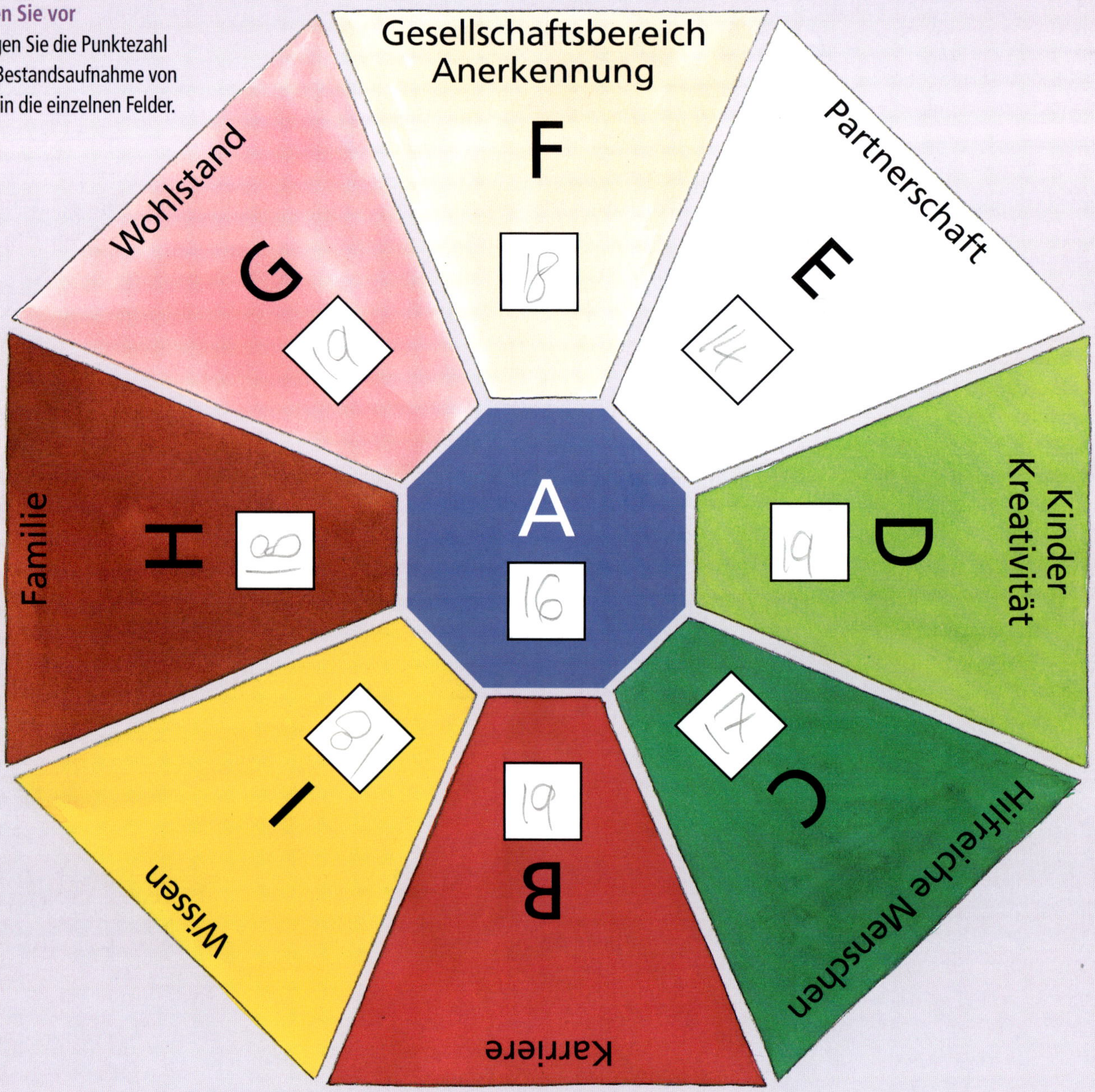

Zu Schritt 2: Mit welcher Zone wollen Sie beginnen, um Ihr Leben erfolgreicher zu gestalten?
Formulieren Sie wie auf Seite 62 in Schritt 2 angegeben, Ihr konkretes Ziel, z. B. »Ich möchte meine Partnerschaft lebendiger gestalten und in den nächsten zwölf Monaten die lang ersehnte gemeinsame Weltreise planen und die Abreise vorbereiten«.

Ihr ganz persönliches Ziel:

____

____

____

Ziele im Berufsleben

So gehen Sie vor
Übertragen Sie die Punktzahl aus der Bestandsaufnahme von Seite 59 in die einzelnen Zonen.

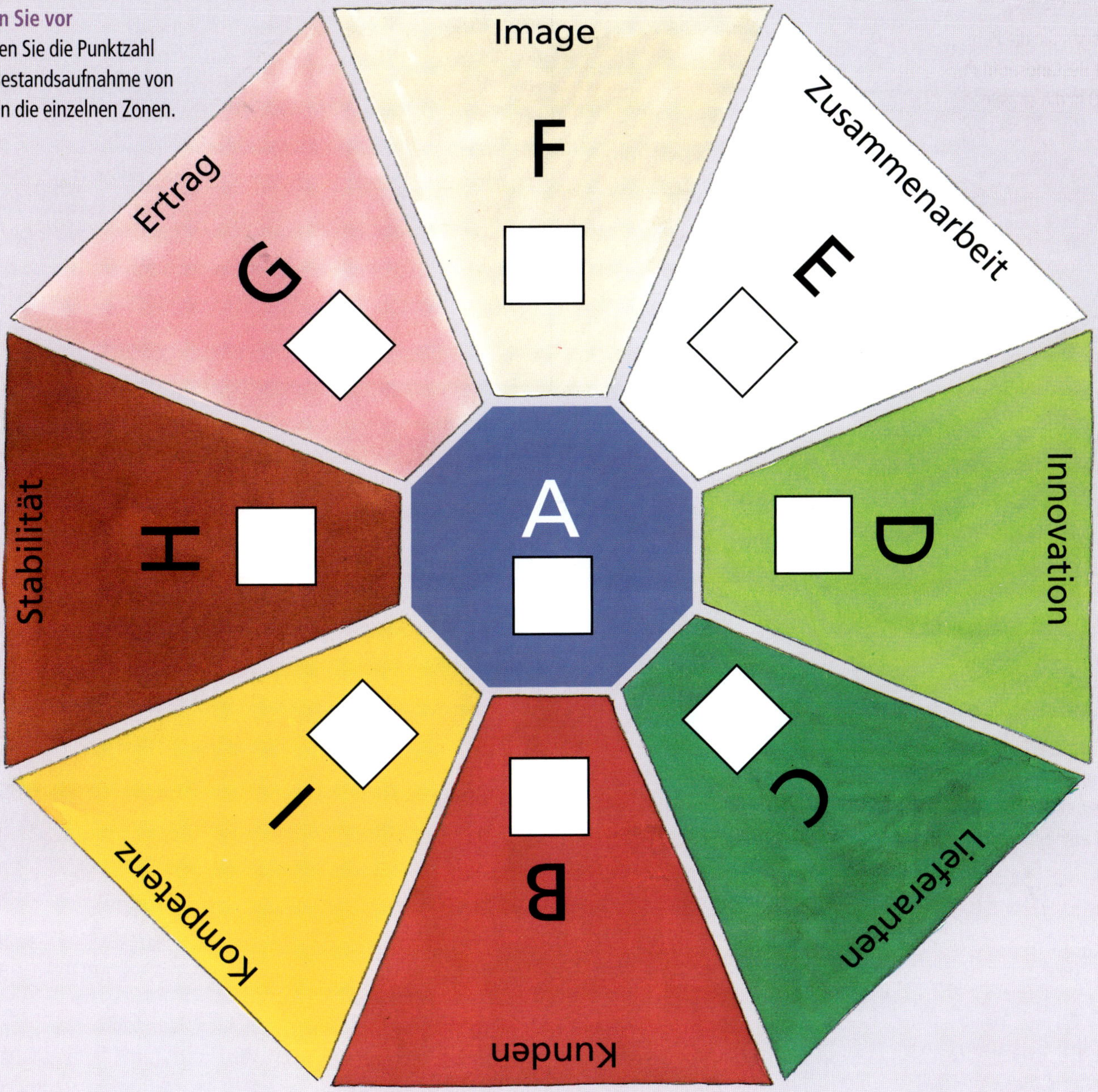

Zu Schritt 2: Mit welcher Zone wollen Sie beginnen, um Ihr Unternehmen erfolgreicher zu führen?
Entscheiden Sie, in welcher Zone Sie beginnen wollen, daran zu arbeiten, das Unternehmen erfolgreicher arbeiten zu lassen. Formulieren Sie wie in Schritt 2 (Seite 62) angegeben ein überschaubares Ziel, z. B. »In den nächsten zwölf Monaten soll die Mitarbeiterfluktuation um 15 Prozentpunkte gesenkt werden.«

Ihr unternehmerisches Ziel:

Die Schritte zum Erfolg

Pantha rei – alles fließt

Alles fließt, verändert sich. Dieser Ausspruch von Heraklit könnte auch von einem alten Feng-Shui-Meister stammen, denn darum geht es im Leben.

Regelmäßiges Entrümpeln hilft, sich von Altlasten zu befreien.

Ballast abwerfen

Alles ist vergänglich, alles kommt und geht – nichts bleibt. Diese Tatsache ist für viele schwer zu akzeptieren, und je älter man wird, umso schwieriger wird für manchen von uns auch das Loslassen und Entrümpeln. Das Sammeln auf Dachböden, in Kleiderschränken und Bücherregalen erscheint dann wie ein heimliches Anstemmen gegen den Fluss der Zeit – aber letztlich ist es vergeblich. Und nicht nur das: Je mehr Ballast man mit sich herumschleppt, umso schwerfälliger wird man, und die Lebensenergie staut sich in all den voll gestopften Ecken, sie stagniert.

Raum für Neues schaffen

Das Entrümpeln und Aufräumen ist also auf einer tieferen Ebene ein durch und durch spiritueller Vorgang: Man löst sich dadurch von der Illusion, Leben, Zeit und Besitz auf Erden wirklich festhalten zu können, und gibt der Gegenwart gleichzeitig damit mehr Raum und Vertrauen.

1. Schritt: Bestandsaufnahme

Siehe Checkliste auf Seite 59.

2. Schritt: Ziele definieren

Nach der Bestandsaufnahme im Schritt 1 wissen Sie, welcher Lebens- bzw. Unternehmensbereich bei Ihnen energetisch unterversorgt ist und sich nicht in einer erfolgreichen Ordnung befindet.
Legen Sie nun in einem zweiten Schritt realistische Ziele fest, wie sich dieser Bereich nach Ihren Vorstellungen günstigenfalls verändern sollte. Wenn Sie in mehreren Bereichen Defizite erkennen und Veränderungen vornehmen wollen, dann legen Sie zusätzlich Prioritäten fest. Beginnen Sie mit dem Bereich, bei dem Sie den größten inneren Widerstand spüren, denn hier stoßen Sie wahrscheinlich auf die zentralen energetischen »Verknotungen« und Blockierungen. Tragen Sie Ihre Ziele in die Tabellen auf den Seiten 60 und 61 ein.

3. Schritt: Freiraum schaffen

Veränderungen stellen sich umso leichter ein, je mehr sie willkommen sind. Und dies bedeutet ganz schlicht: Befreien Sie sich von allem Gerümpel, Krempel und Vergangenheitsballast!
Zum Ballast zählen …
alle Dinge, die nicht im Gebrauch sind …
alle Dinge, die man nicht liebt und nicht wert schätzt …
alle Dinge, die nicht mehr funktionieren …
alle Dinge, die Ihnen die Bewegungsfreiheit nehmen …
alle Dinge, die unglückliche Erinnerungen wachrufen …
alle Dinge, die keinen festen Platz haben …
alte Zeitschriften/Prospekte/Kataloge …
alte Ware …
altes Verpackungsmaterial …
alte PC-Programme und Disketten …
erledigte Post …

Viele Menschen haben außerordentliche Mühe, sich von Sachen zu trennen, die ihnen einmal viel bedeutet haben, die aber mittlerweile seit Jahren irgendwo in einer Abstellkammer vor sich hinwesen. Das kann beispielsweise eine alte Blumenvase sein, die überhaupt nicht mehr zum Wohnungsstil passt, oder es sind ein Paar abgetragene Lieblingsschuhe, die man irgendwie nicht weggeben möchte, die aber zu keiner Garderobe auch nur im Ansatz passen. Was steckt hinter solch einem Sammeltrieb, oder handelt es sich dabei einfach nur um Gedankenlosigkeit?

»Denn nichts bleibt, nichts bleibt, nichts bleibt – kein Ring, kein Gold, kein Leid. Es wird Zeit zu leben, endlich Zeit, Zeit zu leben, endlich Zeit.«

Dieser Refrain aus einem Lied von Klaus Hoffmann trifft genau die Atmosphäre, worum es auch beim Entrümpeln geht. Und Sie werden möglicherweise sehr erstaunt sein, wie frei und leicht sich das Leben wieder anfühlt, wenn sie einmal sehr gründlich »ausgemistet« haben. Besonders ergiebig bei Entrümpelungsaktionen sind neben Dachboden, Abstellraum und Keller auch Hintereingänge, Lagerräume, Vorratskammer, Garagen, Schuh- und Kleiderschränke, Spielzeugkisten, Bücherregale, Festplatten, Kassettenfächer, Truhen, Reisekoffer, Schränke unter Spülen, Gefrierschränke, Schreibtischschubladen und Werkzeugkisten. Vergessen Sie auch nicht Hosen-, Jacken-, Manteltaschen – und Ihr Portemonnaie.

Persönliche Entrümpelungs-to-do-Liste:

z. B. Abstellraum	erledigt am
1. ____________	____________
2. ____________	____________
3. ____________	____________
4. ____________	____________
5. ____________	____________
6. ____________	____________

Wenn das Entrümpeln schwer fällt:

Verabschieden Sie sich von allen Dingen, die Sie nicht mehr bei sich haben wollen mit einer kleinen Geste des Dankes, sprechen Sie wie ein kleines Kind noch einmal mit Ihren alten Postern oder alten Musikkassetten und bedanken Sie sich für die Inspiration und Wegbegleitung. Auf diese Weise gelingt es Ihnen leichter, auch innerlich wirklich loszulassen und die Dinge einer neuen Bestimmung zu übergeben.

Tipp für das sinnvolle Entsorgen:

Bevor Sie etwas endgültig in den Müll geben, überlegen Sie vorher, ob es nicht vielleicht Menschen gibt, die Ihre Sachen gebrauchen könnten und sich darüber freuen würden. Sie können Ihre ausrangierten Dinge preisgünstig auf einem Flohmarkt verkaufen oder aber an eine gemeinnützige Organisation verschenken.

4. Schritt: Eine neue Ordnung schaffen

In diesem vierten Schritt geht es darum, Ihr Umfeld, also Ihr Haus, Ihre Wohnung, Ihr Büro oder Ihr Geschäftsgebäude, der Ordnung der Bagua-Karte anzupassen und die Energie günstiger zu verteilen. Beschränken Sie sich dabei zunächst auf jene Zone und jenen Lebensbereich, der Ihnen ganz besonders am Herzen liegt und der auf Ihrer Prioritätenliste oben steht.

Gehen Sie folgendermaßen vor:

1. Korrigieren Sie die Nutzung der Räumlichkeiten im Sinne der Bagua-Karte, wenn notwendig und irgendmöglich.
Verlagern Sie beispielsweise Ihr Atelier in den Raum, der in der Bagua-Zone »Kreativität« liegt. Ist dies nicht möglich, dann aktivieren Sie mittels Symbolen und Feng-Shui-Accessoires (siehe Seite 12/13) auf jeden Fall die spezifische Bagua-Qualität der Zone »Kreativität« in dem Raum, der sich in der Wohnung auf dieser Zone befindet (siehe hierzu Seite 38 und Abbildung Seite 27).

2. Gleichen Sie Fehlbereiche aus (siehe Seite 28). Ist die entsprechende Bagua-Zone in Ihrem Grundriss nur mangelhaft präsent oder fehlt sie völlig, so kompensieren Sie dies durch Spiegel, passende Symbole und entsprechende Feng-Shui-Accessoires (siehe auch Seite 12/13).
Wenn Sie die Möglichkeit haben, ein Haus zu planen und zu bauen oder umzuziehen, dann achten Sie auf die Ausrichtung des Gebäudes gemäß den Himmelsrichtungen (siehe Seite 22 bis 25) und auf eine vorteilhafte Umgebung (siehe Seite 18).

3. Verstärken Sie die Qualität des »unterversorgten« Bagua-Bereiches im entsprechenden Raum der Wohnung und in den Bagua-Zonen der einzelnen Räume. Bedienen Sie sich dazu wieder der entsprechenden Symbole und Feng-Shui-Hilfsmittel (siehe Seite 12/13).
Bevor Sie zum fünften Schritt übergehen, geben Sie Ihrer neuen Ordnung ein wenig Zeit, sich zu etablieren. Vielleicht müssen Sie ein Bild auch noch einmal umhängen, eine Vitrine etwas verrücken oder einen Läufer anders legen. Spüren Sie ein paar Tage genau hin, bis Sie ein klares Gefühl haben: »Ja, so ist es in Ordnung!«

5. Schritt: Die Energie aufbauen

Schauen Sie noch einmal in das Kapitel »Erfolg mit Feng Shui« (Seite 30 bis 56). Jetzt geht es darum, die Energie für die »unterversorgte« Bagua-Zone gezielt anzuheben. Manchmal reichen dafür kleine Veränderungen bereits aus. Vielleicht ist das Element Feuer in dieser Zone zu schwach vertreten, dann kann zum Beispiel schon eine hübsche rote Pyramidenkerze helfen, mehr Energie aufzubauen. Grundsätzlich gilt: Vermeiden Sie jegliche Eintönigkeit und Gleichförmigkeit (»Das Wohnzimmer aus dem Katalog«), und experimentieren Sie mit unterschiedlichen Materialien, Formen und Farben.

Das mag gegen alle Modetrends sein, doch lassen Sie sich davon nicht irritieren – Ihre Intuition allein zählt. Ob die Energie in einem Raum kräftiger und satter oder schlaffer und fader wird, das können Sie in der Regel binnen 24 Stunden nach einer Veränderung sehr deutlich fühlen.

6. Schritt: Das Chi fließen lassen

Wie verteilt sich das Chi? Überprüfen Sie zunächst, ob das Chi sich gut im Raum verteilt und nicht sofort wieder durch ein Fenster entschwindet (siehe Seite 6/7). Dann bringen Sie Leben auch in »tote« Ecken oder Winkel: Platzieren Sie dort Pflanzen, hängen Sie Mobiles auf usw. (siehe Seite 12/13). Wichtig ist, dass harte Kanten und scharfe Winkel in ihrer Wirkung weitgehend abgemildert werden.

7. Schritt: Yin und Yang anpassen

Der letzte Schritt. Er ist quasi der Feinschliff, um die Balance von Yin und Yang zu optimieren (Seite 5). Dies ist davon abhängig, wie die einzelnen Räume genutzt werden und wer sich hauptsächlich dort aufhält. Für die Harmonie von Yin und Yang in einem Büro gilt beispielsweise Folgendes: Die dominante Qualität (z.B. männliche Mitarbeiter) sollte deutlich im Design ausgedrückt sein (z.B. quadratische Formen), doch sie sollte den Raum nicht beherrschen, sonst wird die Atmosphäre grob und hart. Deshalb ist es wichtig, gezielt auch Yin-Qualitäten einzusetzen (z.B. durch einen ovalen Teppich).
Bei diesem letzten Schritt kommt es auf Ihr Feingefühl an, und manchmal sind es nur Kleinigkeiten, die dem Raum das richtige Flair verleihen. Beachten Sie dabei auch die wechselnden Zeitqualitäten und Ihre persönliche Verfassung. Mal braucht man mehr Yin, mal mehr Yang, um erfolgreich und zufrieden zu sein.

Literatur

Brown, Simon – Feng Shui Berufspraxis, Neuhausen, 2000

Collins, Kathryn Terah – Feng Shui im Westen, München, 1998

Häusel, Hans-Georg – Think Limbic!, Planegg, 2000

Holst, Ulrich – Wasseradern mit der Rute aufspüren, München, 2002

Holst, Ulrich – Das Vorstellungsgespräch, Niedernhausen, 2001

Kingston, Karen – Feng Shui gegen das Gerümpel des Alltags, Hamburg, 2000

Landau, Charlotte – Feng Shui für den Garten, München, 2001

Lao-Tse: Tao Te King – Das Buch vom Sinn und Leben, München, 1996

Lazenby, Gina – Inneneinrichtung nach Feng-Shui, München, 1999

Lazenby, Gina – Wohnen, Wellness und Feng Shui, München, 2001

Lipinsky, Margit – Büro, Mensch und Feng Shui, München, 2001

Lipinsky, Margit – Shop-Design für erfolgreiche Läden, München, 2001

Orgel, Christian – Feng Shui Accessoires, München, 2001

Rossbach, Sarah/Yun Lin – Feng Shui, Farben und Raumgestaltung, München, 1996

Sheldrake, Ruppert – Das Gedächtnis der Natur, München, 1993

Walters, Derek – Feng Shui, die Kunst des Wohnens, München, 1997

Adressen

Amrita-Versand
Poststraße 3
D-79098 Freiburg
Tel. 07 61 /2 96 69 10
www.amrita.de

Feng Shui & Geomantie Verband e.V.
Dr. Friedrich-Kirchhoff-Straße 7d
55130 Mainz
Tel. 0 61 31/69 81 17
Fax 0 61 31/69 81 16
www. fengshuiverband.de

Hagia Chora, Schule für Geomantie
Luitpoldallee 35
84453 Mühldorf
Tel. 0 86 31/37 96 33
Fax 0 86 31/37 96 34
www. hagia-chora.org

Schweizerisches Institut für Europäisches Feng Shui und Energielehre
Stationsstraße 35, Postfach 178
CH-84424 Embrach/Zürich

Dockendorf & Gill
Feng Shui Consulting und Seminare
Thadenstraße 79
22767 Hamburg
Tel. 0 40/39 90 93 98
Fax 0 40/39 90 93 97
www.dockendorf-gill.de

Feng Shui Design & Gestaltung
Dr. R. Pohle
Interior & Industrial Designerin
Heumadener Straße 11
70329 Stuttgart
Tel. 07 11/42 57 28
Fax 07 11/4 25 77 15

Vielharmonie,
Feng Shui Versand
Postfach 1111
87466 Oy-Mittelberg
Tel. 07 00/11 88 89 99
Fax 07 00/38 88 89 99

Impressum

Hinweis
Das vorliegende Buch ist sorgfältig erarbeitet worden. Dennoch erfolgen alle Angaben ohne Gewähr.
Weder Autor noch Verlag können für eventuelle Schäden, die aus den im Buch gemachten Hinweisen resultieren, eine Haftung übernehmen.

Bildnachweis:
AKG (Cameraphoto) 20, IFA (Vision) 22, (TPL) 34, (Engelhardt/Sellin) 38, (Nowitz) 46, (Hasenkopf) 54, Jump (K. Vey) 42, Mauritius (Filser) 13, (PowerStock) 18, (AGE) 32;, (Simons) 36 o., (fm) 36 u., (Benelux Press) 44, (H. Hoffmann) 62, Okapia (NAS) 4, 16, (Lade) 14, 48, (J. Wark/P. Arnold) 58, Picture Press (NWO) 10, (Graf Luckner 26, 28, (Orth) 30, (Bokelberg) 50, Premium (Minden Pictures) 6, (W. Allgöwer) 8, (Tiedge) 40, (R. Dowling/Images) 52, (Hicks) 56, Reinhard-Tiefoto 3

Alle Illustrationen stammen von Roger Kausch, München.

Redaktion: Christine Pfützner
Redaktionsleitung: Dr. Reinhard Pietsch
Projektleitung: Antje Eszerski
Bildredaktion: Doris Leuthold, München
DTP/Satz: Wolfgang Lehner, Veronika Moga
Titelentwurf: Veronika Moga
Printed in Slovakia
Gedruckt auf chlor- und säurearmem Papier
ISBN 3-7787-3997-2